云南省哲学社会科学创新团队成果文库

云南巩固拓展脱贫攻坚成果
与乡村振兴有效衔接

A Study on the Effective Interface
between Consolidating and Expanding
the Achievements of Poverty Alleviation and
Rural Revitalization inYunnan

谭 鑫 著

社会科学文献出版社
SOCIAL SCIENCES ACADEMIC PRESS (CHINA)

《云南省哲学社会科学创新团队成果文库》
编辑说明

　　《云南省哲学社会科学创新团队成果文库》是云南省哲学社会科学创新团队建设中的一个重要项目。编辑出版《云南省哲学社会科学创新团队成果文库》是落实中央、云南省委关于加强中国特色新型智库建设意见，充分发挥哲学社会科学优秀成果的示范引领作用，为推进哲学社会科学学科体系、学术观点和科研方法创新，为繁荣发展哲学社会科学服务的具体举措。

　　云南省哲学社会科学创新团队 2011 年开始立项建设，在整合研究力量和出人才、出成果方面成效显著，产生了一批有学术分量的基础理论研究和应用研究成果，2016 年云南省社会科学界联合会决定组织编辑出版《云南省哲学社会科学创新团队成果文库》。

　　《云南省哲学社会科学创新团队成果文库》从 2016 年开始编辑出版，拟用 5 年时间集中推出 100 本云南省哲学社会科学创新团队研究成果。云南省社科联高度重视此项工作，专门成立了评审委员会，遵循科学、公平、公正、公开的原则，对申报的项目进行了资格审查、初评、终评的遴选工作，按照"坚持正确导向，充分体现马克思主义的立场、观点、方法；具有原创性、开拓性、前沿性，对推动经济社会发展和学科建设意义重大；符合学术规范，学风严谨、文风朴实"的标准，遴选出一批创新团队的优秀成果，根据"统一标识、统一封面、统一版式、统一标准"的总体要求，组织出版，以达到整理、总结、展示、交流，推动学术研究，促进云南社会科学学术建设与繁荣发展的目的。

编委会

2017 年 6 月

前　言

实施乡村振兴战略，是党的十九大作出的重大决策部署。党的十九大报告强调"实施乡村振兴战略"，要按照"产业兴旺、生态宜居、乡风文明、治理有效、生活富裕"的总体要求。以习近平同志为核心的党中央提出实施乡村振兴战略这一部署，有其深刻的历史背景和现实依据，是从党和国家事业发展全局作出的一项重大战略决策，是全面建设社会主义现代化国家的重大历史任务，是新时代"三农"工作的总抓手。

2020 年我国脱贫攻坚战取得全面胜利，绝对贫困消除，中国反贫困工作进入治理相对贫困问题的新阶段。党的十九大报告提出乡村振兴战略，将其作为全面建设社会主义现代化国家的指导方针。党的十九届五中全会提出，坚持把解决好"三农"问题作为全党工作重中之重，全面实施乡村振兴战略，实现巩固拓展脱贫攻坚成果同乡村振兴有效衔接，加快农业农村现代化。习近平总书记在中央农村工作会议上强调，脱贫攻坚取得胜利后，要全面推进乡村振兴，这是"三农"工作重心的历史性转移。贯彻落实党的十九届五中全会和中央农村工作会议精神，全面推进乡村振兴，必须正确认识脱贫攻坚与乡村振兴的逻辑关系，探索巩固拓展脱贫攻坚成果同乡村振兴有效衔接的路径，推动乡村振兴战略顺利实施，把美丽蓝图变成农业农村现代化的现实图景。目前，我国正处于"两个一百年"奋斗目标历史交汇期和过渡期，2021 年中央一号文件强调要实现巩固拓展脱贫攻坚成果同乡村振兴有效衔接，这种有效衔接是实现长效脱贫减贫、走向共同富裕和现代化的重要路径。因此，在巩固脱贫攻坚成果的基础上，不断进行创新拓展，并与乡村振兴有效衔接，意义十分重大。

脱贫攻坚成果是乡村振兴的基础，乡村振兴是脱贫攻坚成果的延续和提升，两者相辅相成。在脱贫攻坚目标顺利实现后，乡村振兴的主要工作对象将由贫困户、贫困村扩大为所有农户和所有行政村，覆盖整个"三农"工作,主要工作内容也由"两不愁三保障"上升到"产业兴旺、生态宜居、乡风文明、治理有效、生活富裕"。云南省作为全国脱贫攻坚的主战场,其地域性贫困因素始终是影响云南省脱贫攻坚质量的"硬骨头"。现阶段云南省已经实现了全面脱贫,绝对贫困得到解决,但是云南少数民族最多、贫困面广、贫困程度深的历史省情决定了云南的脱贫成效是易受影响,容易出现再次返贫的。云南省如何巩固拓展目前取得的脱贫攻坚成果,如何在此基础上同乡村振兴有效衔接,事关云南省是否能全面稳定实施乡村振兴战略,事关国家是否能如期实现乡村振兴,最终实现农业农村现代化。

基于此,本书通过对国内外乡村振兴的相关理论进行梳理,包括脱贫攻坚与乡村振兴的内涵和逻辑、战略规划与实施协同发展理论、政府引导性资源和市场诱导性资源协同效应理论、舒尔茨农业经济理论、诺斯制度变迁理论、配第产业结构理论以及新中国成立以来历代领导人关于"三农"思想的论述等,对云南省目前巩固拓展脱贫攻坚成果与乡村振兴有效衔接的现状、存在的问题以及取得的一些经验成效进行了研究,指出了云南省巩固拓展脱贫攻坚成果与乡村振兴有效衔接的思路和对策,同时也列举了云南省乡村振兴战略实施的相关案例,对云南省巩固拓展脱贫攻坚成果与乡村振兴有效衔接的实施提供了较好的理论基础和实践支撑。

目 录

第一章

巩固拓展脱贫攻坚成果与乡村振兴有效衔接的缘起和理论支撑

第一节 缘起

一 研究背景和意义

（一）研究背景

党的十八大以来，以习近平同志为核心的党中央把脱贫攻坚摆到治国理政突出位置，动员全党全社会力量，全面打响脱贫攻坚战，实现了消除绝对贫困的历史壮举，兑现了全面建成小康社会一个不能少的庄严承诺。习近平总书记强调："脱贫摘帽不是终点，而是新生活、新奋斗的起点。"如期完成新时代脱贫攻坚目标任务后，"三农"工作将进入全面推进乡村振兴的新发展阶段。党的十九届五中全会对"实现巩固拓展脱贫攻坚成果同乡村振兴有效衔接"做出了重要部署。2020 年 12 月 28 日至 29 日，在中央农村工作会议上，习近平总书记强调，在向第二个百年奋斗目标迈进的历史关口，巩固拓展脱贫攻坚成果，全面推进乡村振兴，加快农业农村现代化，是需要全党高度重视的一个关系大局的重大问题，务必举全党全社会之力推动乡村振兴。为确保把脱贫攻坚与乡村振兴的"接力棒"交接好，2021 年中央一号文件明确提出从脱贫之日起设立 5 年过渡期，保持现有主要帮扶政策总体稳定，对摆脱贫困的县做到扶上马送一程。完成好巩固拓展脱贫攻坚成果、推进乡村全面振兴、加强农村低收入人口常态化帮扶这三项重点任务，逐步实现由集中支持脱贫攻坚向全面推进乡村振兴平稳过渡。

云南省作为全国脱贫攻坚的主战场，其地域性贫困因素始终是影响云南省脱贫攻坚质量的"硬骨头"。现阶段云南省已经实现了全面脱贫，绝对贫困得到解决，但是云南少数民族最多、贫困面广、贫困程度深的历史省情决定了云南的脱贫成效是易受影响，容易出现再次返贫的。云南省如何巩固拓展目前取得的脱贫攻坚成果，如何在此基础上同乡村振兴有效衔接，事关云南省是否能全面稳定开展乡村振兴战略，事关国家是否能如期实现乡村振兴，最终实现农业农村现代化。

（二）研究意义

1. 理论意义

对于学者来说，巩固拓展脱贫攻坚成果与乡村振兴有效衔接是新兴的研究课题，不同学科背景的学者和机构对于脱贫攻坚和乡村振兴等理论和实践已取得了一定的研究成果，但是在巩固拓展脱贫攻坚成果与乡村振兴的有效衔接这一方面还在不断升级和完善。本书系统地将脱贫攻坚与乡村振兴的相关理论做了全面阐述，对我国历届领导人关于"三农"的论述做了系统的梳理，以及对国外关于农业方面的基础理论进行了论述，有助于读者全面清晰地了解相关理论。

2. 现实意义

对巩固拓展脱贫攻坚成果与乡村振兴衔接的对策进行研究具有突出的现实意义，巩固拓展脱贫攻坚成果是衔接的前件，是基础和前提，乡村振兴是衔接的后件，是巩固和深化，两者是独立的却保持密切关联，加强两者的有效衔接，是推进我国乡村全面振兴以及农业农村实现现代化的重要手段。

云南省作为全国脱贫攻坚的主战场，面临贫困体量大、贫困程度深、巩固脱贫成果难等问题，现阶段云南省已经全面完成脱贫攻坚，所有贫困县已全部摘帽，贫困人口全部脱贫，云南省已经实现了绝对贫困的全部脱贫，进入了新的历史阶段。在这个新的历史时期，党和国家对农村的发展提出了新的要求，实现乡村振兴，最终实现农业农村现代化。作为全国脱贫主战场的云南，在脱贫攻坚完成之际，实现同乡村振兴的有效衔接，推进云南全面乡村振兴的进程，为实现我国农业农村现代化贡献出属于云南省的力量具有十分重要的意义。

对此进行深入的研究，一是有助于巩固拓展云南省脱贫攻坚成果，推动乡村全面振兴，通过对云南省目前的脱贫攻坚成果进行全面的梳理，针对问题提出切实可行的对策和建议；二是在一定程度上能为其他相关地区的巩固拓展脱贫攻坚成果与乡村振兴有效衔接工作提供经验借鉴；三是希冀为云南基层政府巩固拓展脱贫攻坚成果与乡村振兴有效衔接的工作提供有价值、有针对性、可操作、高质量的参考建议。

二 国内外相关研究综述

（一）国外研究综述

通过对国内外文献的整理归纳发现，国外对于贫困概念的研究较早，对于贫困，早在19世纪，Malpass就从绝对贫困的角度界定了贫困，认为家庭收入如果难以维持对于食品、衣物和住房等生活必需品的需要，便是处于一种贫困状态。[1] Dike从更深层次的文化视角剖析了贫困产生的根源，指出穷人贫困的根源在于其主动或被动接受了贫困文化，从而形成易于贫困的思维模式和行为方式，并由此解释了贫困的代际传递问题。[2] 随着社会的不断发展，学者提出"相对贫困"的概念，认为贫困是在与一定参照物的对比之中产生的，与个体实际生活水平关系不大，而在于个体间收入差距及以其他社会群体为参照物时的相对剥夺的社会心态。同时国外对于中国农村的研究也较早，主要集中在中国农村权力结构与国家政权、农村经济社会发展和农村多元治理主体与农村社会治理之间的关系问题。但是对于中国脱贫攻坚与乡村振兴的研究目前以中国的研究为主。

---

[1] Malpass, P., "Poverty: A Study of Town Life", *Housing Studies*, 2012, 27 (3).

[2] Dike, Steven, "La Vida en La Colonia: Oscar Lewis, the Culture of Poverty, and the Struggle for the Meaning of the Puerto Rican Nation," *Centro Journal*, 2014, (4).

（二） 国内研究综述

国内的研究主要集中在以下几个方面。

一是在脱贫攻坚与乡村振兴有效衔接的内在逻辑关系上。王介勇等提出，脱贫攻坚和乡村振兴两者之间是一个有机的、系统的整体，巩固脱贫攻坚成果能够更有力地推进实现乡村振兴，两者在总方向、总目标上相统一。① 庞森认为，乡村振兴和脱贫攻坚是相辅相成、紧密联系的，打赢脱贫攻坚战是乡村振兴的前提和基础，而乡村振兴战略又为脱贫攻坚提供新的目标和长效保障。② 左停等认为，脱贫攻坚与乡村振兴不是互相孤立的，而是紧密联系、各有侧重，是不同发展阶段的战略任务，要统筹协调好两者之间的关系，既要打好脱贫攻坚战，为乡村振兴奠定基础，又要牢牢抓住机遇，增进民生福祉。③ 刘焕和秦鹏认为，脱贫攻坚与乡村振兴两者之间既有统一性，又有差异性，更具有联动性，全面把握其内在联系，坚持"两个一百年"奋斗目标，以解决新时代"三农"问题为抓手，推进脱贫攻坚与乡村振兴的有效衔接。④ 贾晋和尹业兴认为，脱贫攻坚与乡村振兴有效衔接具有内在逻辑联系，其具有共同的理论渊源，都是在马克思、恩格斯农业发展理论的基础上，结合中国自身实际提出的解决"三农"问题的基本方略，同时两者之间有逻辑联系，打好脱贫攻坚战是推进乡村振兴战略实施的优先任务，而乡村振兴则是稳定脱贫成效、巩固脱贫成果的全方位保障。⑤ 李楠和黄合指出，脱贫攻坚与乡村振兴有效衔接的内在逻辑表现为二者具有一脉相承的战略目标、相互耦合的战略原则、交织融合的战略内容和前后相继的战略时序。实现脱贫攻坚与乡村振兴两大战略有效衔接，是推进

① 王介勇、戴纯、刘正佳、李裕瑞：《巩固脱贫攻坚成果，推动乡村振兴的政策思考及建议》，《中国科学院院刊》2020 年第 10 期。
② 庞森：《脱贫攻坚与乡村振兴的有效衔接：内在关系、重点与侧重路径》，《中国西部》2020 年第 5 期。
③ 左停、刘文婧、李博：《梯度推进与优化升级：脱贫攻坚与乡村振兴有效衔接研究》，《华中农业大学学报》（社会科学版）2019 年第 5 期。
④ 刘焕、秦鹏：《脱贫攻坚与乡村振兴的有机衔接：逻辑、现状和对策》，《中国行政管理》2020 年第 1 期。
⑤ 贾晋、尹业兴：《脱贫攻坚与乡村振兴有效衔接：内在逻辑、实践路径和机制构建》，《云南民族大学学报》（哲学社会科学版）2020 年第 3 期。

乡村治理体系和治理能力现代化的题中应有之义，是解决发展不平衡不充分问题的客观需要，是满足人民日益增长的美好生活需要的重要举措。[①]

二是在巩固脱贫攻坚成果与乡村振兴有效衔接措施上。隋增华认为脱贫攻坚与乡村振兴是一脉相承、相辅相成的，在新的时代背景下，要巩固脱贫攻坚成果、激活农村创造力、带动农村经济发展、提高农民幸福指数，实现脱贫攻坚和乡村振兴有效衔接，其落脚点是在衔接的对策研究上。[②] 张大鹏和李昊阳从具体的做法上进行了讨论，提出实现脱贫攻坚与乡村振兴有效衔接，要建立健全领导体制和机制，将脱贫攻坚与乡村振兴衔接起来，将脱贫攻坚中的有效经验和做法应用到乡村振兴中；继续保持扶贫政策的延续和稳定，采用过渡的方式，继续巩固贫困地区经济和社会发展的基础，激发群众的内生致富动力。[③] 戴美玲认为，脱贫攻坚后，要保持过渡期内主要帮扶政策整体稳定，对现有帮扶政策逐项分类优化调整，才能逐步实现由集中资源支持脱贫攻坚向全面推进乡村振兴平稳过渡。[④]

三是从地域上对巩固拓展脱贫攻坚成果与乡村振兴有效衔接进行探讨。赵勇军提出，贵州要实现巩固拓展脱贫攻坚成果与乡村振兴有效衔接，需要坚持"四个不摘""五个体系"，以产业振兴带动乡村振兴，实现脱贫攻坚与乡村振兴产业上的衔接，同时强化因地制宜，实现规划上的衔接，全面推开乡村振兴战略。[⑤] 此外，赵华伟和史慧芳从江西的实际情况出发提出，江西要实现巩固拓展脱贫攻坚成果与乡村振兴有效衔接，就要充分建立有效的监督、帮扶机制，防止"两类人群"返贫致贫，同时强化群众的造血功能、增收通道，实现群众的可持续发展，确保群众稳定增收，在此基础上做好政策与规划的有效衔接，统筹各方力量，实现乡村振兴。[⑥] 李文庆从

---

① 李楠、黄合：《脱贫攻坚与乡村振兴有效衔接的价值意蕴与内在逻辑》，《学校党建与思想教育》2020 年第 22 期。

② 隋增华：《诸城市脱贫攻坚与乡村振兴的衔接的对策研究》，硕士学位论文，山东科技大学，2020。

③ 张大鹏、李昊阳：《关于脱贫攻坚与乡村振兴有效衔接的思考与对策》，《新西部》2021 年第 Z1 期。

④ 戴美玲：《巩固拓展脱贫攻坚成果同乡村振兴有效衔接》，《柴达木日报》2021 年 4 月 14 日，第 3 版。

⑤ 赵勇军：《贵州巩固拓展脱贫攻坚成果同乡村振兴有效衔接》，《老区建设》2021 年第 3 期。

⑥ 赵华伟、史慧芳：《江西巩固拓展脱贫攻坚成果同乡村振兴有效衔接的实践探索》，《老区建设》2021 年第 5 期。

宁夏的脱贫现状出发指出，宁夏要实现巩固脱贫攻坚成果与乡村振兴有效衔接，第一，要坚持加强党的领导，完善体制机制的衔接；第二，要创新发展模式，实现产业衔接；第三，要完善乡村社会治理，做好乡村文明衔接；第四，要统筹协调，做好制度体系衔接；第五，要加大乡村建设力度，做好基础设施衔接。① 徐伍达等从西藏的具体情况出发，提出西藏要实现县域巩固拓展脱贫成果同乡村振兴有效衔接，就要准确把握"巩固""拓展""衔接"之间的内涵联系，推进重点领域如政策、机制、规划的有效衔接，通过整合各部门的数据，建立返贫监测机制，强化乡村产业支撑，完善乡村基础设施，实现对脱贫攻坚成果的巩固拓展，同时统筹城乡融合发展，建立健全融合机制，优化布局，加大乡村振兴要素如人才、资金等的投入力度②。

四是在巩固拓展脱贫攻坚成果与乡村振兴有效衔接的侧重点上。张克俊等认为，脱贫攻坚与乡村振兴有效衔接的重点是产业衔接、生态衔接、文化衔接、组织衔接、人才衔接和生活衔接六个方面，最终实现"产业扶贫""产业脱贫"向"产业振兴"转变，"住房有保障""生态扶贫"向"生态宜居""生态振兴"转变，"精神扶贫""文化扶贫"向"乡风文明""文化振兴"转变，"组织扶贫""党建促扶贫"向"组织振兴""党建促振兴"转变，"扶贫队伍""扶贫尖兵"向"振兴队伍"转变，"不愁吃穿"向"全面发展"转变。③ 共鸣提出，要实现巩固拓展脱贫攻坚成果同乡村振兴有效衔接，重点是要落实好"一个建立"——建立农村低收入人口和欠发达地区帮扶机制，"两个健全"——健全防止返贫监测和帮扶机制，健全农村社会救助体系，"两个推进"——在脱贫摘帽地区接续全面推进乡村振兴，巩固拓展脱贫攻坚成果，防止返贫，全面推进乡村产业、人才、生态、文化、组织五大振兴等三个要求。④ 庞淼认为，脱贫攻坚与乡村振兴有效衔接的重点是目标衔接、理念衔接、要素衔接、实施方式

① 李文庆：《宁夏巩固脱贫攻坚成果与乡村振兴有效衔接》，《新西部》2021 年第 Z1 期。
② 徐伍达、妮妮美朵、杨帆：《西藏巩固拓展脱贫成果同乡村振兴有效衔接——以拉萨市当雄县为例》，《新西部》2021 年第 Z1 期。
③ 张克俊、付宗平、李雪：《全面脱贫与乡村振兴的有效衔接——基于政策关系二重性的分析》，《广西师范大学学报》（哲学社会科学版）2020 年第 6 期。
④ 共鸣：《扎实推进脱贫攻坚成果巩固拓展》，《老区建设》2020 年第 21 期。

衔接，以及将脱贫攻坚中围绕"两不愁三保障"目标开展的五大扶贫工程与乡村振兴提出的总要求相衔接。① 苏有良指出，乡村振兴战略实施要衔接好脱贫攻坚工作，主要应从政策与规划、关键内容和运行机制三个方面进行有效衔接②。张宪伟提出，要巩固拓展脱贫攻坚成果同乡村振兴有效衔接，应重点做好体制机制、政策体系、产业发展、基础设施建设、"三农"队伍建设、乡风文明建设六个方面的衔接工作。③

（三）文献评述

国外对于贫困的定义、标准等的研究已经相当丰富，为中国的贫困研究提供了理论依据和理论基础，但是关于中国脱贫攻坚与乡村振兴的研究以国内研究为主。国内现有的关于脱贫攻坚与乡村振兴有效衔接的文献，主要是围绕脱贫攻坚与乡村振兴有效衔接的内在逻辑、衔接措施、衔接重点等方面进行研究，有部分学者选取了部分地区作为研究对象，提出巩固拓展脱贫攻坚成果与乡村振兴有效衔接的路径。对于全国脱贫主战场的云南，在脱贫攻坚完成后，有关巩固拓展云南脱贫攻坚成果与乡村振兴有效衔接的整体性的梳理分析研究的文献相对较少。

现阶段关于脱贫攻坚、乡村振兴以及脱贫攻坚与乡村振兴的研究有一定的文献，也取得了一定的成就。但是现有的文献对于巩固拓展脱贫攻坚成果与乡村振兴有效衔接取得的成果、积累的经验、带来的启示、面临的困境以及巩固措施路径的综合性的分析仍然不足。具体表现在以下几个方面。一是现有的对巩固拓展脱贫攻坚成果与乡村振兴有效衔接的研究落脚点主要是对策，对于其取得的成就的梳理较少或是讨论不足，这使得对其目前所做的工作了解不充分，对其存在的问题了解不够全面，所以没有办法最大限度地对巩固拓展脱贫攻坚成果与乡村振兴有效衔接提出对策。二是没有从普遍性的角度上回答存在的共性问题，这主要是指对于其他地区

---

① 庞森：《脱贫攻坚与乡村振兴的有效衔接：内在关系、重点与侧重路径》，《中国西部》2020 年第 5 期。

② 苏有良：《脱贫攻坚与乡村振兴有效衔接的研究》，《滁州职业技术学院学报》2020 年第 4 期。

③ 张宪伟：《巩固拓展脱贫攻坚成果同乡村振兴有效衔接》，《社会主义论坛》2020 年第 12 期。

的经验没有做到充分了解借鉴，存在"各自为政"的现象，认识不够全面完善，导致提出的建议只针对个案。三是认识上的局限性导致在对策的分析上也相应地存在局限性，部分对策设计过于简单，没有针对性，没有从经验中获得启示并提炼出与之对应的对策。四是云南作为全国脱贫攻坚的主战场，"全国脱贫看云南"说的就是云南的贫困程度深、贫困体量大，但是针对云南省巩固拓展脱贫攻坚成果与乡村振兴有效衔接的文献少、参考价值不高。针对以上不足，本书将就巩固拓展云南脱贫攻坚成果与乡村振兴有效衔接做出进一步整体性的分析。

三　研究思路及方法

（一）研究思路

本书立足于云南省脱贫攻坚全面胜利结束与乡村振兴全面开启这一重要的时代背景，将焦点放在云南脱贫攻坚成果的巩固拓展与乡村振兴的有效衔接上，从整体的角度，对云南省巩固拓展脱贫攻坚成果与乡村振兴有效衔接的工作进行详细的分析研究，对取得的成效、得出的经验、获得的启示、借鉴的经验、提出的对策等进行全面的分析梳理。

本书主要从以下几个方面展开论述。

第一章缘起和理论支撑。主要介绍本书的研究背景和意义、国内外相关综述、研究思路和方法以及国外的理论借鉴和国内的理论基石，从而为本书内容的展开奠定基础。

第二章论述巩固拓展脱贫攻坚成果与乡村振兴有效衔接的实践支撑。分别介绍脱贫攻坚和乡村振兴的概念，以及巩固拓展脱贫攻坚成果与乡村振兴有效衔接的逻辑关系和基本特征。通过对六个省外案例的介绍引出对云南省的经验借鉴。

第三章从云南实际介绍巩固拓展脱贫攻坚成果与乡村振兴有效衔接。介绍云南省相关政策和取得的成效，并详细论述云南省巩固拓展脱贫攻坚成果与乡村振兴有效衔接的经验和做法以及巩固拓展脱贫攻坚成果对全面实施乡村振兴战略的启示。

第四章以产业兴旺、生态宜居、乡风文明、治理有效、生活富裕为切入点，论述巩固拓展脱贫攻坚成果与乡村振兴有效衔接的困境与挑战。

第五章以原则和未来发展思路为切入点，论述云南巩固拓展脱贫攻坚成果与乡村振兴有效衔接的对策与建议。分别从机制、工作、力量、政策和统筹引入，为今后云南发展提供建议和对策。

（二）研究方法

1. 文献研究法

通过对相关文献的阅读和梳理，对巩固拓展脱贫攻坚成果、乡村振兴以及两者的关系进行深入的研究，进而在二者的衔接方面发现问题，通过对所发现的问题进行细致的分析，最终有针对性地提出云南省巩固拓展脱贫攻坚成果与乡村振兴有效衔接的对策建议。本研究依托中国知网、万方等网络数据库，对于脱贫攻坚、乡村振兴等方面的期刊、论文和报告等文献材料进行了大量的细致分析，同时本研究搜集了大量互联网上关于脱贫攻坚与乡村振兴的报道以及政策部署，并对文献材料进行归纳、整理、吸收、借鉴，为本研究的顺利开展寻找理论依据和支撑，通过学习和借鉴国内外的一些经验与做法，为下一步提出具体对策提供启发和借鉴。

2. 实地调查法

通过实地调查法，调研云南省各州市县等相关地区，先后前往云南沿边地区、省会昆明周边县区。对相关人员进行访谈，深入走访调研，收集相关信息，掌握了大量相关工作的一手数据和资料，从中分析出云南省巩固拓展脱贫攻坚成果与乡村振兴有效衔接的现状、存在的问题，由点到面、由浅入深地归纳分析，并结合实际针对巩固拓展云南脱贫攻坚成果与乡村振兴有效衔接提出相应对策。

第二节　国外的理论借鉴

一　舒尔茨农业经济理论

美国经济学家舒尔茨，其著名论著是《经济增长与农业》，他在经济发展的理论上与其他经济学家的观点不一样，他认为农业发展对整个经济发展和国家发展至关重要，在经济发展策略上强调的不应该是工业，而应该是农业，传统农业对经济发展的功效不是很大，但是现代化农业对经济发展的功效很大。他认为人力资本是农业经济增长的源泉，人才是实现现代化农业的重要因素，农民所得到的能力在实现农业现代化中头等重要，各种历史资料都表明，农民的技能和知识水平与其耕作的生产率之间存在密切的正相关关系。而获得能力的过程不是免费的，本质上是一种对人力资本的投资，对人力资本投资的形式包括教育、在职培训及提高健康水平，其中教育更加重要。

从发展中国家经济发展策略的成功与失败的比较中可以看到，凡是推行重工轻农的国家无不遭到极大困难，而给予农业足够重视的国家都取得较好的成绩。重农固本，国之大纲。我国历来都是农业大国，农业的发展不仅能够满足人们基本的生活需求，而且是工业发展的基础和前提，只有重视农业的发展，国家才能够发展壮大。在新时代背景下，重视现代化农业的发展以及农业人才的培养将为乡村振兴战略的实施提供有力保障。

二　诺斯制度变迁理论

一谈到制度变迁理论，学界相关人员马上想到诺斯，诺斯利用新古典经济学的研究方法把制度当作一个促进经济增长的重要因素，他认为制度变迁是促进经济增长的重要因素。诺斯认为，"制度是一个社会的游戏规则，或更规范地说，它们是为决定人们的相互关系而人为设定的一些制约"，包括"正规约束"（例如规章和法律）和"非正规约束"（例如习惯、行为准则、伦理规范），以及这些约束的"实施特性"。[①]

诺斯制度变迁理论的内容包括产权理论、国家理论和意识形态理论。制度变迁的替换、转移和交易也会制约一个社会的发展。诺斯认为："制度变迁是制度的创立、变更以及随着时间变化而被打破的方式，结构变迁的参数包括技术、人口、产权和政府对资源控制等，正式制度变迁构成了

---

① 岳武、彭文戈：《马克思与诺斯的制度变迁理论比较研究》，《长春理工大学学报》（社会科学版）2017 年第 1 期。

一种经济长期增长的源泉。"在制度的选择过程中，如果方向选择正确，制度就会按照既定方向发展并且可以收获利益最大化，进而促进市场的发育、经济的增长；如果路径选择有误，制度变迁会导致市场混乱和经济衰退。

三　配第产业结构理论

乡村振兴，产业兴旺是关键。产业是国家经济发展的基础，产业经济学理论主要包括产业结构理论、产业组织理论、产业发展理论、产业政策理论和产业布局理论等。在产业结构理论中，配第通过分析比较产业，以及劳动力在第一、二、三产业间移动的规律，得出了配第-克拉克定理："随着经济发展和人均国民收入水平的提高，劳动力首先由第一产业向第二产业转移。当人均国民收入水平进一步提高时，劳动力便向第三产业转移。"配第-克拉克定理属于对产业结构变动的经验总结，它不仅可以从一个国家经济发展的时间序列中得到印证，而且可以从处于不同发展水平的国家在同一时间点上的横断面比较中得到印证。也就是说，从处于同一时期而发展水平不同的国家的经济情况看，人均国民收入水平较低的国家，第一产业劳动力所占的比重相对较大，而第二产业、第三产业劳动力所占的比重相对较小；反之，人均国民收入水平较高的国家，其劳动力在第一产业中所占的比重相对较小，而第二产业、第三产业劳动力所占的比重相对较大。在产业规划初期，如果相应的经济制度构建不合理，那么就会制约经济的发展，只有合理优化产业结构，才能促进一国经济的发展。

第三节　国内的理论基石

一　战略规划与实施协同发展理论

脱贫攻坚与乡村振兴逻辑关系十分紧密，有连续性和继起性的特征。就两大战略实施交汇期而言，表现出来的连续性和继起性特征是一种相互协调和相互促进的关系。脱贫攻坚的目的是使贫困地区和贫困户摆脱绝对贫困的状态，满足乡村贫困居民的基本生存和发展需求，是乡村振兴中最迫切需要解决的问题。乡村振兴的目的则是为脱贫攻坚提供更多的路径选择，达到巩固脱贫的效果，形成有效解决乡村贫困问题的长效机制。

（一）脱贫攻坚与乡村振兴的连续性

连续性强调一致性，表现为时间上的重叠关系和战略上的整体性。

第一，时间上的交叉重叠。2018~2020 年是脱贫攻坚和乡村振兴协同推进时期，时间上的重合充分展现了党中央在制定两大战略时的深入考量。党中央做出这样的决策部署，就是要通过时间上的过渡来保证两大战略在战略目标上的高度统一、在战略实施上的稳步对接、在战略内容上的梯度升级。[①] 这就决定了两大战略主要内容的一致性，就贫困地区来说，打好脱贫攻坚战是乡村振兴的主要任务。在全力解决好贫困问题的同时，乡村振兴战略规划要考虑各种要素优先向贫困地区倾斜。时间上的交叉重叠避免了两大战略间断性的产生，进而确保了在战略实施各要素上的连续性。

第二，战略思想的一致性。精准扶贫是乡村振兴的"重点论"，乡村振兴是统筹城乡协调发展的"两点论"，而只有辩证认识"重点论"与"两点论"在新时代的有机统一，才可能在乡村振兴视角下获取精准扶贫战役的新胜利。[②] 两大战略的顺利开展与实施具体体现在"为中国人民谋幸福，为中华民族谋复兴"的初心和使命中。在两大战略中，脱贫攻坚通过"五个一批"按照贫困人口的实际情况来解决贫困问题，乡村振兴则是从产业、生态、乡风、治理、生活等方面入手，助力产业兴旺，通过改善居民的居住环境从而达到乡村振兴的目的。有效推动农村贫困人口全面发展和贫困乡村整体发展是两大战略的共同目标。稳步执行落实两大战略可以有效缩小城乡发展差距，解决城乡和区域之间经济发展不平衡问题，短期目标是使贫困人口迅速摆脱贫困，长期目标则是使农民的生活质量不断

---

① 徐婷婷：《脱贫攻坚和乡村振兴的逻辑构成、衔接机制和共进路径》，《大连干部学刊》2019 年第 10 期。

② 陈桂生、张跃蟥：《精准扶贫跨域协同研究：城镇化与乡村振兴的融合》，《中国行政管理》2019 年第 4 期。

提升，最后使全国人民共同迈入小康社会。

第三，战略安排的一致性。在领导体制上，脱贫攻坚和乡村振兴都坚持党的全面领导。领导体制的一致性确保了政治保障的一致性。在工作机制上，均实行中央统筹、省负总责、市县抓落实的工作机制。在实施手段上，均强调要把发展特色产业放在首位。脱贫攻坚中通过特色产业的发展增加脱贫对象就业人数，提高贫困人口收入水平，让发展特色产业成为解决贫困问题最行之有效的手段；乡村振兴中改变传统农业模式，利用现代农业，发展特色产业，让特色产业成为农村长久繁荣的根本保证。在发展理念上，均强调加强生态文明建设，贯彻"绿水青山就是金山银山"。在战略实施方法上，均以突出问题为导向，不搞全国或全省"一刀切"政策。

（二）脱贫攻坚与乡村振兴的继起性

继起性是时序上的错位关系以及战略上的相互作用关系，强调差异性和递进性。

第一，实施时间上的错位关系。脱贫攻坚战的时间安排是到 2020 年；乡村振兴战略的时间安排前期是 2018～2022 年，中期和后期分别规划至 2035 年和 2050 年。虽然两大战略在时间上有三年的并存期，但乡村振兴战略的启动时间晚于脱贫攻坚，而且在 2020 年以后还有更长的实施期限。2020 年，脱贫攻坚任务全面完成，之后要巩固和全面提升脱贫攻坚成果，此时乡村振兴战略则处于起步和打基础阶段，以建立基础性制度框架为主要目标，到 2035 年和 2050 年，乡村振兴将完成阶段性目标并实现目标逐步递进。两大战略实施时间上一前一后的特征决定了两大战略在其他方面也会有明显的不同。

第二，战略目标的递进关系。在"两个一百年"奋斗目标中，打赢脱贫攻坚战是实现第一个百年奋斗目标的重点工作，而乡村振兴战略则是实现"两个一百年"奋斗目标的必然要求。解决好乡村存在的落后问题和农民的贫困问题是实现"两个一百年"奋斗目标必须做的事情。

第三，战略地位的基础与提升关系。从绝对贫困到相对贫困无疑为乡村振兴战略奠定了坚实的基础。贫困问题本质上是贫困人口缺乏可支配与可利用的生产生活资料，而且没有改变这种状态的能力，以及乡村在整个社会发展群体中处于严重不利地位。所以，解决贫困问题是实现生活富裕的必由之路。打赢脱贫攻坚战，将为全体公民提供来自党和政府的郑重承诺和行动方案，为人民构建出一个可预期的不受绝对贫困困扰的未来，为生产力中最活跃的人力资源和人力资本的释放提供有效保证，从而建立起适应乡村现实、顺应民心、符合民情的有效社会管理体系。[①]

二　政府引导性资源和市场诱导性资源协同效应理论

乡村振兴是我国农业农村未来发展的目标和指导思想，脱贫攻坚是2020年前农村发展的阶段性历史使命，也是乡村振兴的前提。想要实现"两个一百年"奋斗目标，就要充分发挥"政府"和"市场"两只手的协同作用。

（一）政府的宏观调控

脱贫攻坚和乡村振兴的关键点是提升乡村基础设施和公共服务水平，可以利用政府这只"看得见的手"实现支农助农兴农。

党的十八大以来，各级领导积极实施高质量跨越式发展战略，尤为重视农业农村工作，不断加大财政支农力度，优先支持农村脱贫攻坚、住房安全、教育医疗、社会保障、基础设施建设等，"三农"工作取得显著阶段性成果。但是，当前城乡资源投入差异依旧存在，农村基础设施不完善，基本公共服务不到位，推进公共资源配置向农业农村倾斜势在必行。具体而言，要在基础设施、公共服务、社会保险制度等方面，实现资源向农村倾斜，构建普惠共享体制机制，增强农村的后生动力，逐步缩小城乡差距。就基础设施而言，继续加大财政投入力度，将乡村特色、城市标准、统筹共享定为奋斗目标，建立健全城乡一体化基础设施的规划机制、建设机制和管护机制。在产业政策上，要加大公共财政资源对农业的倾斜力度，完善农业支持保护制度，鼓励和扶持新业态发展以及相关人才培训，不断延伸农业产业链，增加各级产品附加值，促进农业产业兴旺，实现乡村振兴。

---

① 朱启铭：《脱贫攻坚与乡村振兴：连续性、继起性的县域实践》，《江西财经大学学报》2019年第3期。

(二) 市场的资源配置

市场通过竞争机制调节价格、供求，依靠价格实现信息反馈，进而调节生产、交换、分配、消费等环节，推动社会资源向着社会平均利润率最高的领域流动，达到资源的最优利用。① 要发挥好市场这只"看不见的手"在资源配置中的决定性作用，构建城乡要素合理流动机制。

近年来，各省积极贯彻落实党中央破除城乡二元经济结构，促进城乡协调发展的重要要求，在城乡人才交流、农村土地制度改革、农业产业化经营、工商资本下乡以及农业技术推广等方面成效斐然。但是，当前影响市场配置资源的制度性障碍尚未完全扫除，要素市场城乡统一的机制体系尚未形成，城市人才、资本、技术入乡依然存在阻力，乡村土地等资源还需进一步盘活，农民与城镇居民收入差距还是较大。因此，要做好城乡要素市场确权与流转工作，将价格决定权以及配置权赋予市场，盘活乡村社会的资源效率，更好地激发市场调节、发展、繁荣经济的活力；加快推进农村承包地、宅基地和集体经营性建设用地"三块地"的制度改革，盘活农村土地资源，释放农村土地红利。② 破除城市各类生产要素入乡支农制度性障碍的关键是全面深化改革。深化供给侧结构性改革为农民摆脱贫困、农业农村发展提供必要的支持；探索城市人才入乡支农的保障机制与合作机制，拓展乡村投融资渠道，解决农村发展资金难题；建立农业科技成果入乡转化与利益共享机制，最大限度地实现资源优化配置，彰显社会主义市场经济制度的优越性。

三 可持续发展理论

可持续发展理论包含两个基本要素或两个关键组成部分："需要"和对需要的"限制"。满足需要，首先是要满足贫困人民的基本需要，对需

① 吴晓燕、赵普兵：《协同共治：乡村振兴中的政府、市场与农村社会》，《云南大学学报》（社会科学版）2019 年第 5 期。
② 谈慧娟、罗家为：《推进城乡融合发展要用好"两只手"》，《江西日报》2019 年 12 月 9 日，第 10 版。

要的限制主要是指对未来环境需要能力构成危害的限制，这个能力一旦被突破，将危及支持地球生命的自然系统中的大气、水体、土壤和生物等。

（一）脱贫攻坚的可持续发展

可持续发展在脱贫攻坚中有两个方面的体现：一方面是脱贫攻坚自身的可持续发展，另一方面是精准攻坚对某区域发展具有的可持续发展影响。

脱贫攻坚可持续发展包含五层含义：政策体制的延续性和有效性；主体能力的提升和改善有利于满足脱贫攻坚的需要；社会团结水平；社会公正性；生态环境的保护。[①]

减贫是长期的历史任务，不同阶段要解决不同标准下的贫困问题。2020年打赢脱贫攻坚战后，我们还是要"扶贫"，解决好相对贫困问题。[②]扶贫手段的可持续性通常是在扶贫结果可持续性的基础和背景下呈现出来的。而扶贫效果的可持续性体现在两个方面。

第一是脱贫的可持续性，具体体现为农民收入稳定增加，生活质量不断改善，收入来源范围不断拓宽，就业岗位持续增多；第二是不返贫的可持续性，着力打造不返贫的空间格局，杜绝返贫悲剧发生，建立健全住房、教育、医疗等基本保障体系。二者的真正实现都离不开发展，增进民生福祉是发展的根本目的。

如果说过去国家确定的扶贫对象以区域为主，那么习近平总书记提出的精准扶贫最大突破点体现为扶贫脱贫对象由区域转到精准的贫困家庭和贫困人口，让扶贫攻坚明确了方向和任务，具有极其重要的现实指导意义。[③]

（二）乡村振兴的可持续发展

农业、农村、农民问题是关系国计民生的根本性问题，解决好"三农"问题是全党工作重中之重，可持续发展战略的实施对乡村振兴至关重要。从党的十六大统筹城乡发展战略思想的提出，到党的十八大推进城乡

---

① 王春光、孙兆霞等：《脱贫攻坚的可持续性探索——贵州的实践与经验》，社会科学文献出版社，2018，第7页。

② 徐豪：《提高脱贫效果的可持续性》，《中国报道》2018年第10期。

③ 雷明：《论习近平扶贫攻坚战略思想》，《南京农业大学学报》（社会科学版）2018年第1期。

一体化发展的战略部署，主要是基于城乡"二元"结构的战略布局，政策定位是将城乡发展放在同等重要的地位。①

在党的十九大报告中党中央按照"坚持农业农村优先发展"的政策性要求，对城乡"二元"结构的思路做了重新规划部署，由此可以看出我国对"三农"发展的重视程度提升到了一个全新的高度，同时也表明了新一届党中央有信心从根本上解决"三农"问题。新时期，我国开启了全面建设社会主义现代化强国的新征程。没有农业农村的现代化就不可能实现社会主义现代化，只有保证"三农"的可持续发展，才能实现乡村振兴与社会主义现代化强国建设的战略目标。

四　历代领导人关于"三农"的论述

"三农"关乎国家命运，中国共产党几代主要领导人都始终围绕农业集体所有制的实现形式和农业生产的经营模式进行了探索与改革。农业、农村、农民问题一直受到党和国家领导人的高度重视，这个问题始终是关系我们党和国家全局性的根本问题。虽然他们所处的时代背景不同，但是党的历代领导人在"三农"问题上都提出了一些有益的思想，他们将马克思主义"三农"思想中国化、本土化，灵活运用到我国的工农生产中解决实际问题。

在毛泽东时期，基于我国当时落后的工农业，国家将发展农业作为我国经济建设和工业化的核心任务和前提条件，毛泽东认为粮食问题和农业生产问题是我国当时经济建设的主要问题，也是整个经济建设的基础，他主张大力改造"小农经济"，通过发展合作制经济推动农业文明向工业文明过渡。在《我们的经济政策》中，毛泽东同志提出："在目前的条件之下，农业生产是我们经济建设工作的第一位。"② 在1957年发表的《关于正确处理人民内部矛盾的问题》一文中，毛泽东指出"我国有五亿多农业人口，农民的情况如何，对于我国经济的发展和政权的巩固，关系极大"③。显

---

① 耿小烬：《乡村振兴战略可持续发展路径研究》，《学术探索》2019年第1期。
② 《毛泽东选集》（第1卷），人民出版社，1991，第131页。
③ 《毛泽东文集》（第7卷），人民出版社，1999，第219页。

然，在毛泽东时期，毛泽东作为党和国家的领导人，充分意识到了粮食问题对于我国经济建设的重要性，并积极对马克思主义"三农"思想继承和进一步发展，探索马克思主义"三农"思想的中国实践。毛泽东还认为，农业是工业部门的工作基础，要坚持工农相结合，巩固农业的基础性地位。这是当时毛泽东结合我国经济和工农发展现状，在马克思主义"三农"思想的基础上的一次创新，其充分认识到了当时我国工业市场的主体是农民，农民是工业原材料的生产者和使用者。因此，在发展国内经济的过程中，必须考虑到城乡兼顾，这体现了当时毛泽东对我国实际情况的深入研究和了解，并且洞察到了处理好国内工农生产关系对我国经济发展和整个国家政权稳定的重要意义。同时，毛泽东还在此基础上，进一步发展出了具有中国特色的社会主义农业思想。1959 年，毛泽东提出，"现在强调把农业搞好，次序改为农、轻、重、交、商"，指出"重工业要为轻工业、农业服务"①。1962 年，毛泽东提出了"以农业为基础、以工业为主导"的国民经济发展总方针，深化了毛泽东"三农"论述在中国特色工农发展中的实践。②

邓小平同志关于"三农"的论述也是在当代中国的历史条件和社会经济条件下产生的，形成于 20 世纪 60 年代初，发展于 70 年代到 80 年代初，在 80 年代中期到 90 年代初期达到新境界。每个阶段的社会发展情况不同，关于"三农"的论述侧重点也有所不同。第一，农业基础论。我国是农业大国的基本国情决定了我们国家重视发展农业的基本战略，农业是人类社会赖以生存的基础，是国民经济和其他发展部门的基础。邓小平同志明确指出"要确立以农业为基础、为农业服务的思想"③。他认为农业的发展直接关系到国家各方面的发展，吃饭问题是头等大事，直接关系到社会的安定和国家的稳定，他指出"不管天下发生什么事，只要人民吃饱肚子，一切就好办了"④。在设计改革开放和现代化的国家战略时，他首先想到的依然是农业，1975 年，邓小平同志指出"工业越发展，越要把农业放在第一

① 《毛泽东文集》（第 8 卷），人民出版社，1999，第 78 页。
② 戚研：《习近平"三农"思想研究》，硕士学位论文，江苏大学，2017。
③ 《邓小平文选》第 2 卷，人民出版社，1994，第 28 页。
④ 《邓小平文选》第 2 卷，人民出版社，1994，第 406 页。

位"①。1984 年，他进一步指出"中国社会是不是安定，中国经济能不能发展，首先要看农村能不能发展，农民生活是不是好起来"②。在我国社会主义经济体制建立初期，很多地方将经济重心放在工业上，邓小平同志及时告诫全党"农业是根本，不要忘掉"③。足以可见农业的重要性。我国经济建设的历史经验也说明，农业兴则百业兴。第二，调动农民积极性。农民是农业的主体，农业和农村的发展都取决于广大农民的生产积极性。早在 1962 年 7 月，邓小平同志在《怎样恢复农业生产》的讲话中就指出，"农业要恢复，要有一系列的政策，主要是两个方面的政策。一方面是把农民的积极性调动起来，使农民能够积极发展农业生产"④，"农业本身的问题，现在看来，主要还得从生产关系上解决。这就是要调动农民的积极性"⑤。首先要改革不适应生产力发展的生产关系，其次要尊重农民的生产经营自主权，再次要确保农民的经济利益，增加农民收入，最后允许农村一部分人先富起来，逐步达到共同富裕。第三，科技兴农论。邓小平同志始终认为农业的振兴取决于科学技术的进步和科技成果的广泛应用，谋划并且实施了科技兴农战略，他特别强调"农业文章很多，我们还没有破题。农业科学家提出了很多好意见。要大力加强农业科学研究和人才培养，切实组织农业科学重点项目的攻关"⑥。邓小平同志的科技兴农论首先坚持把农业科研与农技推广二者相结合，加强农业科学的研究和农业科研基地的建设，加强农业科技成果的推广和应用；其次坚持把发展教育、培养农技人才纳入科技兴农战略，必须重视农业科技人才的培养，充分调动农技人员的积极性、主动性和创造性；再次重视农村教育事业的发展，农业科技的发展要从"娃娃抓起"，努力培养出专家队伍；最后增加农业科技的投入，为科技兴农创造良好的条件和环境。邓小平同志特别强调"对科学技术的重要性要充分认识。科学技术方面的投入、农业方面的投入要

① 《邓小平文选》第 2 卷，人民出版社，1994，第 29 页。
② 《邓小平文选》第 3 卷，人民出版社，1993，第 77 页。
③ 《邓小平文选》第 3 卷，人民出版社，1993，第 23 页。
④ 《邓小平文选》第 1 卷，人民出版社，1994，第 322 页。
⑤ 《邓小平文选》第 1 卷，人民出版社，1994，第 323 页。
⑥ 《邓小平文选》第 3 卷，人民出版社，1993，第 23 页。

注意"①。我国农业科技投入比重一年比一年增加，为科技兴农创造了良好的环境和条件。

江泽民同志曾作为党和国家的领导人，根据我国改革开放的新情况，开创性地提出了一系列关于农业、农村和农民问题的观点和论断：强调农业的基础地位，提高对农业重要性的认识；稳扎稳打推进农村改革，繁荣农村经济；坚持服务农民，多种举措增加农民收入。江泽民同志在毛泽东同志、邓小平同志关于"三农"认识的基础上建立了自己的思想。一是更加注重农业的基础地位，把农业放在整个国民经济的首位。江泽民指出："没有农业的积累和支持，就不可能有我国工业的发展；没有农业的现代化，就不可能有整个国民经济的现代化。"② 江泽民同志坚定奉行马克思主义关于农业基础地位的思想，即使在逐步推进社会主义市场经济体制改革的宏观背景下，他仍然明确提出："在建立社会主义市场经济体制的过程中，要继续坚定不移地贯彻以农业为基础的方针，坚定不移地把农业放在经济工作的首位。"③ 二是积极深化农村改革，建立社会主义市场经济条件下的新型农村经济体制。党的十一届三中全会以后，家庭联产承包责任制作为农村经济体制改革的一项重要制度逐步在全国确立起来，极大地调动了农民的生产积极性，推动了我国农业的快速发展。江泽民曾坚定地指出，深化农村改革的重点是继续稳定以家庭联产承包为主的责任制。③ 党的十六大上江泽民进一步指出，地方政府和村民自治组织可以本着合法自愿有偿的原则，因地制宜采取多种形式，对土地承包经营权进行合理的流动，逐步发展规模经营。三是关心农民疾苦，多种举措增加农民收入。首先，持续减轻农民负担。"加快农村税费改革，是减轻农民负担的治本之策。"④ 江泽民要求各地党政领导负起总责，切实增强减税减负意识，杜绝乱集资、乱收费等现象，他强调任何单位不得私自以任何名义增加农民负担。严格控制村提留、乡统筹，不得超过上年农民纯收入的百分之五。其

---

① 《邓小平文选》第 3 卷，人民出版社，1993，第 275 页。
② 《江泽民论有中国特色社会主义》（专题摘编），中央文献出版社，2002，第 119 页。
③ 中共中央文献研究室、国务院发展研究中心编《新时期农业和农村工作重要文献选编》，中央文献出版社，1992，第 790～791 页。
④ 江泽民：《论"三个代表"》，中央文献出版社，2001，第 83～84 页。

次，高度重视扶贫工作。一方面，他提出走扶贫式开发的路子，不能单单等着国家的救济，而是要增强贫困地区自我发展能力，其中，基层党政领导干部要起到带头作用，"最根本的还是要靠当地干部群众自身的努力，靠干部带领群众苦干实干"①，不然再多的救济，再好的政策也起不到作用。因此，他强调要选拔一批政治觉悟高、责任心强、苦干实干的人担任贫困地区的领导干部，以加强基层组织建设。另一方面，他还指出扶贫不仅是党和政府的责任，也是全社会共同的责任，要发挥城市地区和有条件的农村地区来一起帮助贫困地区。四是大力发展乡镇企业。改革开放以来，乡镇企业如雨后春笋般遍布全国各地，成为推动我国农村地区经济社会发展的一股强劲力量。因此，他在江苏考察乡镇企业时曾告诫广大干部群众："发展乡镇企业是一个重大战略，是一项长期的根本方针。"②

胡锦涛同志强调，农业始终是国家安天下、稳民心的战略产业。始终把解决好"三农"问题放在重中之重的位置，认真落实中央支持"三农"发展的方针政策和工作部署，不断增加"三农"投入，依靠科学技术大力发展现代农业，确保粮食生产不滑坡，确保农民收入不徘徊，确保农村发展好势头不逆转。

胡锦涛同志提出了坚持以人为本、发展成果需要由包括广大农民群众在内的人民共享的科学发展观，推进农村税费改革，减轻农民负担，保护农民利益，积极推进农业产业化经营，促进农业结构性战略性调整，增强农业市场竞争力，坚持把"三农"问题作为党中央工作的重中之重。胡锦涛提出，城乡发展一体化是解决"三农"问题的根本途径，③通过加大统筹城乡发展力度推动城乡共同繁荣发展。2006 年 1 月 1 日起，我国全面取消农业税，体现了党中央解决"三农"问题的决心。在这个时期，党中央将农村生态环境纳入新农村建设规范中，新农村建设在全国加快推广。同时，一系列惠农富农政策加快释放，扶贫开发在全国范围内取得成功，贫困人口数持续下降，农村生产生活条件日益改善。在胡锦涛主政十年间，我国城镇化率由 39% 提高至 52%，各地通过新型农村社区建设等方式积极

---

①　《江泽民论有中国特色社会主义》（专题摘编），中央文献出版社，2002，第 139 页。
②　《江泽民文选》第 2 卷，人民出版社，2006，第 116 页。
③　本书编写组编著《十八大报告辅导读本》，人民出版社，2012。

探索，通过农民市民化提升农民城市融入和素质发展水平。另外，在农村大力发展合作经济，提高农业集约化、现代化水平。

胡锦涛同志十分关心农民增收问题。他每到一地，都同当地干部群众一起探讨如何促进农民收入较快增加。他要求各级党委和政府切实把增加农民收入作为农业和农村工作的中心任务，坚持多予、少取、放活的方针，采取综合措施，加大工作力度，有针对性地解决农民增收面临的突出问题。要大力推进农业和农村经济结构战略性调整，积极推进农业产业化经营，增加对农业和农村发展的投入，继续推进农村税费改革，促进农民收入尤其是种粮农民收入有较快增长。要处理好调整农业结构、增加农民收入和保护粮食综合生产能力的关系，把农业结构调整的重点放到提高农产品的质量和效益、提高农业竞争力上来。要积极引导农村富余劳动力外出务工就业，进一步清理和取消针对农民进城务工就业的各种歧视性规定和不合理收费。他强调，农民工辛辛苦苦工作了一年，一定要保证他们拿到应得的报酬。要对集中使用农民工的企业支付农民工工资的情况进行一次专项检查。对有拖欠行为的企业，要责令其迅速补发；对恶意拖欠、克扣农民工工资的企业，要严格按照国家有关规定进行处罚并追究有关责任人的责任。在清理已有拖欠的同时，要完善有关法规制度，加强市场监管，从源头上防止发生新的拖欠。

五　习近平总书记关于"三农"的论述

党的十八大以来，以习近平同志为核心的党中央高度重视"三农"问题，在坚持马克思主义关于农业、农村和农民问题基本理论和毛泽东、邓小平、江泽民、胡锦涛等中国共产党历代领导人关于"三农"论述的基础上，结合中国特色社会主义历史新时期和发展新特点，对"三农"进行了理论创新和实践创新，形成全面系统深刻的关于"三农"的论述。

习近平总书记立足于对中国现阶段社会主要矛盾的准确定位，迎战新时代"三农"工作的现实问题，确立了解决"三农"问题的总体思路，从"三农"工作的领导力量和依靠力量、战略定位、奋斗目标的明确，到发展新理念的确立，再到一系列举措的实施，为新时代"三农"工作定下总基调，画好路线图，成为做好"三农"工作的重要遵循。习近平关于"三农"的论述内涵丰富，其主要内容涵盖"三农"工作的领导力量和依靠力量、战略定位、发展理念、奋斗目标、战略举措五个方面。两个"重中之重"与农业供给侧结构矛盾的战略定位，指明解决"三农"问题应攻克的重点；"创新、协调、绿色、开放、共享"的发展理念，明确"三农"工作的工作方式；"农业强——让农业成为有奔头的朝阳产业，农村美——让农村成为安居乐业的美丽家园，农民富——让农民成为有吸引力的新兴职业"的奋斗目标，指明了"三农"工作的奋斗方向；以乡村振兴战略为纲的一系列举措，是落实新理念、实现"三农"新目标的具体实践路径。

一是发展现代农业，提升国家综合实力。在 2013 年，习近平总书记就提出了"解决好'三农'问题是当前全党工作的重中之重"，同时，习近平总书记进一步从战略和全局的角度看待"三农"问题。中共中央针对"三农"问题，通过中央一号文件颁发了相关政策，这也证明了习近平总书记领导下的党中央对"三农"问题的重视和坚持农业稳固是国家基石的战略观点，并且习近平总书记结合其以往的工作经验形成了对我国"三农"问题的独特理论，还针对我国当前农村情况，出台了一系列惠农政策。通过国家政策宏观调控的手段，以各种补贴方式，让我国在工业方面发展获得的成果来支持我国农业基础建设，让农民直接享受到整个国家经济发展红利，其实质也是对前几代领导人的论述的进一步深入实践和发展。2016 年中央一号文件指出，加快补齐农业农村短板，必须坚持工业反哺农业、城市支持农村，促进城乡公共资源均衡配置、城乡要素平等交换，稳步提高城乡基本公共服务均等化水平。在农村生态方面，习近平总书记提出了全面加强社会主义新农村建设，将农村生态环境纳入新农村建设规范中，以进一步缩小城乡差距。他在多次讲话中强调，要将粮食安全、农业基础设施建设等问题作为"三农"工作的重中之重。

二是确保农村和谐发展，推进社会文明建设。习近平总书记高度重视农村和谐稳定，他认为，"三农"最主要的就是要确保农村和谐发展，保证农村的稳定性是确保整个政权稳定的基础。特别是到了党的十八大以后，习近平总书记进一步将建设和谐的社会主义新农村作为党中央发展社会主义新农村的一个重要目标。推进农村和谐稳定，从农村民主自治制度改革入手，提高农民参与农村社会管理事务的积极性，以自我管理带动集体发展。习近平总书记要求推进平安乡镇和平安村庄建设，开展突出治安问题专项整治，引导广大农民自觉守法用法。面对当前新型城镇化中出现的大量农民外出务工、劳动力转移导致"空心村"现象，要创新社会管理方法、建立社会治理体系，树立系统治理、依法治理、综合治理、源头治理理念。同时要注重民生优先，在富民强村、保障农民利益等方面综合发力，让广大农民学有所教、病有所医、老有所养、住有所居。

三是提升农民小康水平，助推全面建成小康社会。2012 年习近平总书记考察广东时提出："没有农村的全面小康和欠发达地区的全面小康，就没有全国的全面小康。"[1] 在习近平看来，贫困地区的小康是全面建成小康社会战略布局中最难的工作，但绝对不能因为任务繁重、困难重重就抛下农村贫困地区，去建设"有瑕疵""有短板"的小康社会。因此，在习近平关于"三农"的论述中，建设小康社会，集中体现在从"短板"入手，一方面，通过"精准扶贫"全面消除全国贫困人口，在推进新型城镇化中，注重保障农民利益特别是经济利益，通过就业创业资金支持、技能培训等方式让农民顺利向市民过渡，完成政策的托底，确保贫困人口不增、脱贫人口不返贫；另一方面，推进农民小康水平的提升，通过送政策、送技术下乡，让有创业意愿和掌握农业技术的农民成为致富带头人，鼓励农民进行农业技术的革新，让部分农民尽快成为掌握技术、掌握知识、掌握资源的小康群体。2015 年在中央扶贫开发工作会议上，习近平总书记强调："脱贫攻坚战的冲锋号已经吹响。我们要立下愚公移山志，咬定目标、苦干实干，坚决打赢脱贫攻坚战，确保到 2020 年所有贫困地区和贫困人口一道迈入全面小康社会。"[2] 截至 2020 年，我国贫困人口已全部实现脱贫，完成了脱贫攻坚的梦想。[3]

---

① 中共浙江省委党校编写组编著《学习习近平总书记系列讲话精神干部读本》，浙江人民出版社，2014。
② 《习近平在中央扶贫开发工作会议上强调脱贫攻坚战冲锋号已经吹响李克强讲话张德江俞正声刘云王岐山张高丽出席》，《人民日报》2015 年 11 月 30 日，第 1 版。
③ 刘玉娟：《习近平新时代"三农"思想研究》，硕士学位论文，重庆理工大学，2019；戚研：《习近平"三农"思想研究》，硕士学位论文，江苏大学，2017。

第二章

巩固拓展脱贫攻坚成果与乡村振兴
有效衔接的实践支撑

第一节　脱贫攻坚和乡村振兴的
内涵、特点、目标

一　脱贫攻坚的内涵、特点、目标

（一）脱贫攻坚的内涵

脱贫攻坚是党的十九大明确提出的三大攻坚战之一，是决胜全面建成小康社会，实现第一个百年奋斗目标的一项重大政治任务。它是新中国成立以来，特别是 20 世纪 80 年代开展大规模扶贫开发以来，在与贫困问题进行了长期而艰苦的斗争之后，迎来的一场战略决战。脱贫攻坚解决的是我国在精准扶贫的过程中存在的最困难、最棘手、影响扶贫成效的问题，核心在于围绕并破解我国实施的精准扶贫中存在的深层次矛盾和问题，牢牢把握新时代帮助贫困人口脱离贫困窘境的需求，以精准扶贫为理论基础，结合各省区市实际情况，合理规划制定脱贫攻坚战略，做出实质性的改革创新，其政策实施的基本方略是精准扶贫、精准脱贫。2015 年 11 月 27 日至 28 日，中央扶贫开发工作会议在北京召开。习近平总书记强调，消除贫困、改善民生、逐步实现共同富裕，是社会主义的本质要求，是中国共产党的重要使命。全面建成小康社会，是中国共产党对中国人民的庄严承诺。脱贫攻坚战的冲锋号已经吹响。这是中央释放的全面开启脱贫攻坚的信号，也是我国进入脱贫攻坚时期的重要标志。这一时期，结合习近平总书记对于脱贫攻坚的指示，明确了脱贫攻坚时期的重点难点是农村地区，尤其是贫困的农村。同时习近平总书记指出，"没有贫困地区的小康，就没有全面建成小康社会"①，这将脱贫与我国建成小康社会在逻辑上联系了起来，更加明确了脱贫的重要性。

关于脱贫攻坚的主要工作方式，习近平总书记 2013 年在湖南湘西考察时首次提出"精准扶贫"的概念，2015 年在贵州考察时又进一步提出"六个精准"的基本要求。同年，在减贫与发展高层论坛上又给出了以发展生产脱贫一批、易地搬迁脱贫一批、生态补偿脱贫一批、发展教育脱贫一批、社会保障兜底一批为主要内容的"五个一批"工作方法，为精准扶贫提出实践举措。精准扶贫是脱贫攻坚的基本方略和重要作战方式，它不同于以往的粗放式扶贫，是改"漫灌"为"滴灌"，进行精准识别、实施精准帮扶、实现精准脱贫，目的是确保每一个农村贫困人口都能真正实现脱贫。习近平总书记指出，"打好脱贫攻坚战，成败在于精准"。②

（二）脱贫攻坚的特点

一是目标明确，奠定基础。2007 年 10 月召开的党的十七大对扶贫开发工作提出了"一个加大、两个提高"的要求，即加大对革命老区、民族地区、边疆地区、贫困地区发展扶持力度，提高扶贫标准，提高扶贫开发水平，到 2020 年基本消除绝对贫困现象。③ 2012 年 12 月 29 日、30 日，习近平总书记在河北省阜平县考察扶贫开发工作时提出要深入推进扶贫开发，帮助困难群众特别是革命老区、贫困山区困难群众早日脱贫致富，到 2020 年稳定实现扶贫对象不愁吃、不愁穿，保障其义务教育、基本医疗、住房的目标。2013 年，党中央提出精准扶贫理念。2015 年 11 月 27

---

① 中共中央党史和文献研究院：《中国共产党一百年大事记（1921 年 7 月—2021 年 6 月）》，人民出版社，2012，第 185 页。

② 孙馨月、陈艳珍：《论脱贫攻坚与乡村振兴的衔接逻辑》，《经济问题》2020 年第 9 期。

③ 胡锦涛：《高举中国特色社会主义伟大旗帜 为夺取全面建设小康社会新胜利而奋斗——在中国共产党第十七次全国代表大会上的报告》，《求是》2007 年第 21 期。

日，中央扶贫开发工作会议在北京举行，再一次强调消除贫困、改善民生、逐步实现共同富裕，是社会主义的本质要求，是中国共产党的重要使命。① 2017 年 10 月 18 日，党的十九大报告明确提出坚决打赢脱贫攻坚战，要确保到 2020 年我国现行标准下农村贫困人口实现脱贫、贫困县全部摘帽，解决区域性整体贫困。2019 年政府工作报告提出要打好精准脱贫攻坚战，重点解决实现"两不愁三保障"面临的突出问题，要加大对"三区三州"等深度贫困地区脱贫攻坚的力度，落实对特殊贫困人口的保障措施。2020 年决战脱贫攻坚座谈会提出要克服疫情影响，凝心聚力打赢脱贫攻坚战，确保如期完成脱贫攻坚任务，确保全面建成小康社会。

二是重点突出，筑牢堡垒。脱贫攻坚时期面临的问题和挑战是突出的，剩下的都是难啃的"硬骨头"，贫中之贫，困中之困。为此，针对深度贫困地区，落实脱贫攻坚方案，瞄准突出问题和薄弱环节狠抓政策落实，在重点地区创新工作方式，同时继续强化就业扶贫，实行点对点对接，转移劳动力。针对已经脱贫的群众，加大脱贫成果的巩固力度，对于脱贫不稳定的群众以及边缘户，加强返贫监测，制定预防措施，加大扶贫开发力度。对于易地扶贫搬迁，加大易地扶贫搬迁扶持力度，实现搬得出、稳得住。针对影响群众生产生活的"三保障"问题，督促县村落实好方案，重点解决存在的突出问题，做好群众的"三保障"和饮水安全等工作。

三是投入量大，稳步推进。我国在脱贫攻坚中投入的财力、人力、物力都是巨大的。在财力上，2012 年以来，我国在脱贫攻坚上投入的资金累计达到 1.6 万亿元，其中中央财政累计投入达到 6601 亿元。脱贫攻坚战以来，土地增减的指标跨省域调剂和省域内流转资金 4400 多亿元，扶贫小额信贷累计发放 7100 亿元，扶贫贷款累计发放 6688 亿元，金融精准扶贫贷款发放 9.2 万亿元，东部 9 省市共向扶贫协作地区投入财政援助和社会帮扶资金 1005 多亿元，东部地区企业赴扶贫协作地区累计投入 1 万多亿元，等等。在人力上，脱贫攻坚以来，累计选派 25.5 万个驻村工作队，300 多万名第一书记和驻村干部，同时参与脱贫攻坚的还有 200 多万名

---

① 习近平：《脱贫攻坚战冲锋号已经吹响　全党全国咬定目标苦干实干》，《杭州》（周刊）2015 年第 14 期。

乡镇干部和数百万名村干部。无论是财力还是人力物力，投入的力度都是历来之最。

四是领导有力，成功脱贫。东西南北中，党政军民学，党是统揽全局的。从中国共产党诞生之日起，党就领导人民群众完成了一个又一个目标，推翻三座大山，结束中国半殖民地半封建社会，成立新中国，带领人民完成三大改造，进入社会主义初级阶段，实行改革开放，实行精准扶贫，都离不开党的全局领导，尤其是在脱贫攻坚时期，中国共产党的坚强领导、强大的组织执行力、社会动员力和统筹协调力，是打赢脱贫攻坚战的力量支撑。党的有力领导更是脱贫攻坚的一个典型特征，同时也是我国脱贫攻坚取得全面胜利的重要因素。在决战决胜脱贫攻坚座谈会上，习近平总书记就强调"脱贫攻坚越到最后越要加强和改善党的领导。各级党委（党组）一定要履职尽责、不辱使命"①。这说明党的领导的重要性，更说明党的领导是我国脱贫攻坚能够取得成功不可或缺的条件。在脱贫攻坚期间，更加强调提高政治站位、政治责任，不忘初心、牢记使命，坚定信心、顽强奋斗，不断加强和改善党的领导，以更大决心、更强力度推进脱贫攻坚，确保取得最后胜利。同时强调加强组织领导，落实工作责任，坚持中央统筹、省负总责、市县抓落实的工作机制，落实好横向到边、纵向到底的管理体系，坚持五级书记一起抓，形成上下联动、全力攻坚的工作格局。各地区在脱贫攻坚实际工作中，创新干部人才队伍机制，根据需要选配领导班子，将脱贫攻坚成效作为乡镇领导班子选拔使用的重要依据等，这为我国脱贫攻坚的圆满完成强化了领导力，且创造了史无前例的脱贫成效。

（三）脱贫攻坚的目标

2015 年 11 月 29 日，中共中央、国务院颁布《中共中央　国务院关于打赢脱贫攻坚战的决定》，提出了脱贫攻坚的目标："到 2020 年，稳定实现农村贫困人口不愁吃、不愁穿，义务教育、基本医疗和住房安全有保

---

① 学而时习工作室：《"脱贫攻坚越到最后越要加强和改善党的领导"——习近平论决胜脱贫攻坚的根本保障》，求是网，2020 年 6 月 29 日，http://www.qstheory.cn/zhuanqu/2020-06/29/c_1126172955.htm。

障。实现贫困地区农民人均可支配收入增长幅度高于全国平均水平，基本公共服务主要领域指标接近全国平均水平。确保我国现行标准下农村贫困人口实现脱贫，贫困县全部摘帽，解决区域性整体贫困。"习近平总书记指出扶贫开发已进入啃硬骨头、攻坚拔寨的冲刺期，必须以更大的决心、更明确的思路、更精准的举措、超常规的力度，众志成城实现脱贫攻坚目标，决不能落下一个贫困地区、一个贫困群众。习近平总书记在打好精准脱贫攻坚战座谈会上强调，脱贫攻坚的目标就是要做到"两个确保"：确保现行标准下的农村贫困人口全部脱贫，消除绝对贫困；确保贫困县全部摘帽，解决区域性整体贫困。

脱贫攻坚目标现已达成。经过 8 年艰苦奋斗，现行标准下 9899 万农村贫困人口全部脱贫，832 个贫困县全部摘帽，12.8 万个贫困村全部出列，14 个集中连片特困地区区域性贫困问题得到解决，兑现了全面小康路上一个也不能少的庄严承诺。中华民族五千年发展史上，首次整体消除绝对贫困，中国人民的千年梦想、百年夙愿得以实现。

二　乡村振兴的内涵、特点、目标

（一）乡村振兴的内涵

乡村振兴是党的十九大作出的重大决策部署，是实现"两个一百年"奋斗目标的重大历史任务，是新时代做好"三农"工作的总抓手。"三农"问题的解决和农业、农村、农民现代化的实现是国家现代化实现的必要条件，没有"三农"的现代化，就不可能实现国家的现代化。习近平总书记指出，"小康不小康，关键看老乡"，"中国要强，农业必须强；中国要美，农村必须美；中国要富，农民必须富"。[①] 一定要看到，农业还是"四化同步"的短腿，农村还是全面建成小康社会的短板。

党的十八大以来，以习近平同志为核心的党中央始终坚持把"三农"工作作为全党工作的重中之重，创造性地提出了乡村振兴战略，不断进行

---

① 《农业强 农村美 农民富 习近平这样关心三农问题》，"人民网"百家号，2019 年 9 月 22 日，https://baijiahao.baidu.com/s？id=1645339606217089100&wfr=spider&for=pc。

理论创新和实践创新。乡村振兴最根本的内涵就是"产业兴旺、生态宜居、乡风文明、治理有效、生活富裕"，概括性地总结了乡村振兴对"三农"的要求。首先，对于乡村而言，乡村振兴战略要达到农业振兴、农村产业兴旺、农民富裕的目标，还要实现协调配合，目前我国的主要矛盾已经转变为人民日益增长的美好生活需要和不平衡不充分的发展之间的矛盾。城乡发展不平衡、农村发展不充分是目前存在的主要矛盾，乡村振兴战略主要就是解决目前存在的问题，化解新时代的主要矛盾，为实现中华民族伟大复兴奠定坚实基础。其次，对于农村地区，乡村振兴战略就是进行物质文明和政治文明的建设，在此基础上进行精神文明、社会文明、生态文明的提升。"产业兴旺"和"生活富裕"是物质文明的重要组成部分，"乡风文明"是精神文明和社会文明的核心部分，而"生态宜居"就是生态文明，"治理有效"是政治文明的表现。最后，乡村振兴战略"二十字"总要求是中国特色社会主义"五位一体"总体布局在农村的具体体现和生动实践，强调的是农村的全面振兴，包括产业振兴、人才振兴、文化振兴、生态振兴和组织振兴。

（二）乡村振兴的特点

乡村振兴的特点主要是通过同脱贫攻坚相比较来说明，两者都是国家在发展过程中提出的针对农村地区的发展目标，通过对比，能更加清晰地了解乡村振兴的特点。

一是乡村振兴具有时代性。乡村振兴战略是在我国即将全面建成小康社会的背景下提出的，是为了解决新时代的主要矛盾而实施的国家战略，是为了全面解决"三农"问题，加速实现中华民族伟大复兴和"两个一百年"伟大目标而提出的符合时代要求的重大战略部署。从乡村振兴战略的指导思想、基本原则、主要内容、振兴路径和实现目标中，我们可以看出，乡村振兴战略紧扣时代脉搏、紧抓时代主题、紧跟时代步伐、紧追时代方向，就如何打赢脱贫攻坚战、如何实现城乡融合、如何继承优秀乡村文化、如何协同农村经济发展和生态环境保护等现实焦点问题进行了回应，极具针对性和有效性，体现了其鲜明的时代性。

二是乡村振兴具有全面性。从时代背景来说，脱贫攻坚是我党在决胜全面建成小康社会到来时提出的，主要是为了实现我们党提出的 2020 年实现现行标准下贫困人口全面脱贫的目标，这个时期的经济基础、基础设施、社会环境都还相对薄弱，工作重点是围绕群众的"两不愁、三保障"。而乡村振兴是在我国即将完成脱贫攻坚的基础上提出的，其主要是针对我国在完成全面建成小康社会任务后对农村工作的重点方向，为新时代农村工作指明了新的方向，这个时期注重农村地区的全面发展，不仅是农村地区的经济，还是政治、生态、文化、治理的全面振兴。从目标上来说，脱贫攻坚主要是为了实现现行标准下贫困群众的整体脱贫，主要是为了解决经济上的贫困问题，较为单一。而乡村振兴，是在继续保持脱贫攻坚成效的基础上，缩小城乡差距，减少相对贫困，其覆盖面更大，不仅在经济上，而且在政治、生态、社会、文化上全方位发力，"五位一体"全面发展，实现乡村的全面复兴，较为全面。

三是乡村振兴具有平等性。这主要是从乡村和城市之间来说，乡村振兴是将乡村和城市摆在了同等发展地位，更加清晰地认识到乡村的振兴对于我国实现现代化强国的重要性，更加强调尊重乡村拥有与城市同等的发展权利，农民拥有与城市市民同等追求美好生活的权利。更加强调城乡融合发展，我国乡村的发展现状决定目前城乡融合发展以"以城带农"，即城市支持农村、工业反哺农业、政策向农村倾斜为主，更加强调"以工促农"的力度，补齐历史欠账和农村投入的短板。不是强调农村是城市的附属，是城市的资源供给站，而是强调将城市的资源向农村引进，为农村的振兴提供支撑保障，相辅相成，为实现现代化建设奠定基础。[①]

四是乡村振兴具有为民性。中国共产党的宗旨就是全心全意为人民服务，一切为了人民，执政为民。乡村振兴是党从国家的现实状况出发，针对我国完成脱贫攻坚后农村的发展而提出的新要求，新时期我国的绝对贫困问题已经解决，但是相对贫困仍将长期存在，农村地区的"贫富"差距仍在加剧，农民的发展也存在差距，帮助群众解决其长期存在的发展问题，是乡村振兴的应有之义。同时乡村振兴战略关注的不仅是乡村的经济发展，更关注乡村内部成员的生存和发展多方面的需求，充分保障农民对

---

① 李晓东：《乡村振兴战略的理论渊源和内涵研究》，硕士学位论文，青岛理工大学，2019。

美好生活的追求。在这一过程中，始终坚持人民的主体地位，依靠人民开展乡村振兴工作，最终的成果也由人民共享，切实做到维护广大人民的利益，为广大人民服务，充分地体现了为民。

（三）乡村振兴的目标

乡村振兴是习近平总书记在 2017 年党的十九大报告中首次提出的，是为了解决好"三农"问题而创造性提出的，其目标主要有两个：短期目标和远景谋划。

短期目标。到 2020 年，乡村振兴的制度框架和政策体系基本形成，各地区各部门乡村振兴的思路举措得以确立，全面建成小康社会的目标如期实现。到 2022 年，乡村振兴的制度框架和政策体系初步健全。国家粮食安全保障水平进一步提高，现代农业体系初步构建，农业绿色发展全面推进；农村第一、二、三产业融合发展格局初步形成，乡村产业加快发展，农民收入水平进一步提高，脱贫攻坚成果得到进一步巩固；农村基础设施条件持续改善，城乡统一的社会保障制度体系基本建立；农村人居环境显著改善，生态宜居的美丽乡村建设扎实推进；城乡融合发展体制机制初步建立，农村基本公共服务水平进一步提升；乡村优秀传统文化得以传承和发展，农民精神文化生活需求基本得到满足；以党组织为核心的农村基层组织建设明显加强，乡村治理能力进一步提升，现代乡村治理体系初步构建。探索形成一批各具特色的乡村振兴模式和经验，乡村振兴取得阶段性成果。

远景谋划。到 2035 年，乡村振兴取得决定性进展，农业农村现代化基本实现。农业结构得到根本性改善，农民就业质量显著提高，相对贫困进一步缓解，共同富裕迈出坚实步伐；城乡基本公共服务均等化基本实现，城乡融合发展体制机制更加完善；乡风文明达到新高度，乡村治理体系更加完善；农村生态环境根本好转，生态宜居的美丽乡村基本实现。到 2050 年，乡村全面振兴，农业强、农村美、农民富全面实现。①

基本思路和目标任务。脱贫攻坚目标任务完成后，设立 5 年过渡期。脱贫地区要根据形势变化，厘清工作思路，做好过渡期内领导体制、工作

---

① 《乡村振兴战略规划（2018—2022 年）》。

体系、发展规划、政策举措、考核机制等有效衔接，从解决建档立卡贫困人口"两不愁三保障"为重点转向实现乡村产业兴旺、生态宜居、乡风文明、治理有效、生活富裕，从集中资源支持脱贫攻坚转向巩固拓展脱贫攻坚成果和全面推进乡村振兴。到 2025 年，脱贫攻坚成果巩固拓展，乡村振兴全面推进，脱贫地区经济活力和发展后劲明显增强，乡村产业质量效益和竞争力进一步提高，农村基础设施和基本公共服务水平进一步提升，生态环境持续改善，美丽宜居乡村建设扎实推进，乡风文明建设取得显著进展，农村基层组织建设不断加强，农村低收入人口分类帮扶长效机制逐步完善，脱贫地区农民收入增速高于全国农民平均水平。到 2035 年，脱贫地区经济实力显著增强，乡村振兴取得重大进展，农村低收入人口生活水平显著提高，城乡差距进一步缩小，在促进全体人民共同富裕上取得更为明显的实质性进展。[①]

第二节　巩固拓展脱贫攻坚成果与乡村振兴有效衔接的逻辑

促进脱贫攻坚与乡村振兴有效衔接，既要在乡村振兴战略下对脱贫攻坚进行再思考，研究如何利用乡村振兴所明确的政策举措来巩固脱贫攻坚成果，促进当地经济社会持续发展，又要从脱贫攻坚出发对乡村振兴进行再认识，总结脱贫攻坚的实践创造和伟大精神，研究脱贫攻坚对乡村振兴的动力传导机制，明确脱贫攻坚与乡村振兴的政策着力点，辩证分析二者之间的内在逻辑关系。

一　政策共性

脱贫攻坚与乡村振兴之间在目标导向、政策内容、主体作用和体制机制等方面都存在共同点，有些方面是一体两面的，有些方面则是相互建构

[①] 《中共中央国务院关于实现巩固拓展脱贫攻坚成果同乡村振兴有效衔接的意见》，《人民日报》2021 年 3 月 23 日，第 1 版。

的。乡村振兴绝不是重新开始，而是在脱贫攻坚的基础上推进。一户不落地全面建成小康社会，首先，要增强脱贫攻坚与乡村振兴融合推进的意识，脱贫攻坚和乡村振兴不是两个孤立的战略，不能单一进行，必须协调推进，不能单个实施，需要统筹起来做。其次，农业农村发展想少走弯路就必须使两大战略协调发展，这样不仅可以避免重复建设，还可以尽可能地减少资源浪费。要脚踏实地地干好精准扶贫工作，为乡村振兴打下坚实基础，多做利长远的实事。坚持乡村振兴与精准扶贫"两手抓"，不偏不倚、不搞取舍，更不能将二者对立起来。

（一）目标相通

党的十九大提出分阶段实现"两个一百年"奋斗目标的战略安排，脱贫攻坚与乡村振兴便是以实现"两个一百年"奋斗目标为指向的战略。

打赢脱贫攻坚战是第一个百年奋斗目标，即全面建成小康社会。从标准看，到 2020 年，要实现农村贫困人口"两不愁三保障"。从区域发展看，要做到"实现贫困地区农民人均可支配收入增长幅度高于全国平均水平，基本公共服务主要领域指标接近全国平均水平"。乡村振兴是第二个百年奋斗目标，即全面建设社会主义现代化强国，关键在于彻底改变农村贫困落后的生活面貌，实现农业全面升级、农村全面改善、农民全面发展。与"两个一百年"奋斗目标相似，脱贫攻坚与乡村振兴两大战略目标相互联系、相互衔接、不断提高、逐步深化。

（二）内容共融

"三农"问题是脱贫攻坚与乡村振兴两大战略共同关注的重点，从产业发展、移民搬迁、设施建设、环境治理、民生保障以及体制机制构建等方面做出制度安排。就产业优化来看，发展乡村特色优势产业既是产业扶贫见实效的客观要求，也是实现产业兴旺的必然选择，两大战略都将农产品加工业的发展作为重心，这样不仅可以促进农村第一、二、三产业融合发展，而且可以让农户享受更多产业链的提质增效。实施易地扶贫搬迁是解决贫困问题的有效手段之一，也是利用村庄演变规律，分类构建乡村建设，统筹解决村民生计、基础设施建设与生态环保等问题的重要形式。教育、医疗、住房及最低生活保障兜底脱贫，本身就是乡村振兴战略中推进城乡基本公共服务均等化的重要指标。

（三）主体一致

习近平总书记指出，贫困群众既是脱贫攻坚的对象，也是乡村振兴的主体。不管是在脱贫攻坚中还是在乡村振兴中，贫困群众的主体地位不容忽视，凡事不能大包大揽、代替包办，甚至替农户做决策。党中央始终坚持以人为本的基本原则，让贫困户成为乡村发展的主体、项目实施的主体、收益共享的主体，而政府则是帮扶的主体、社会动员的主体和脱贫责任的主体。乡村振兴战略的有效实施，同样也离不开农民主体作用的发挥。这种主体作用体现在三个方面，即意愿出自农民、动力来自农民、以维护农民群众根本利益为出发点和落脚点。① 脱贫攻坚和乡村振兴都以激发农民的积极性和主动性为目标，力求增强农民脱贫致富的内生动力。同时，农民主体地位的实现，也不能僵化理解为农民个体的技能提升和发展参与，需要通过培育新型农业经营主体、健全村民自治组织和促进村集体经济发展壮大等形式，多途径发挥农民主体作用。

（四）体制互促

有效的体制建设是脱贫攻坚和乡村振兴的重要保障。脱贫攻坚的三大机制是定点扶贫机制、东西部扶贫协作机制和社会力量参与机制。脱贫攻坚取得决定性进展的关键在于党的全面领导和体制机制的改革创新，最终形成了中央统筹、省负总责、市县乡抓落实的工作机制，构建了专项扶贫、行业扶贫、社会扶贫"三位一体"的大扶贫格局。脱贫攻坚战略执行至今，形成了有效的领导体制和工作机制，展现出了巨大的政治优势和制度优势，为乡村振兴奠定了坚实的工作基础和保障，是一个很好的参照标准。同时加强党对"三农"工作的全面领导，实行中央统筹、省负总责、市县乡抓落实的农村工作机制，引领各类人才积极投身乡村振兴，有利于巩固脱贫攻坚成果，有效防止返贫，达到脱贫的目的。

---

① 高强：《脱贫攻坚与乡村振兴有机衔接的逻辑关系及政策安排》，《南京农业大学学报》（社会科学版）2019年第5期。

二 政策差异

脱贫攻坚与乡村振兴同属于时空禀赋的资源配置，既存在时间维度的先后顺序关系，即脱贫攻坚是实现乡村振兴的基础和前提，是实现乡村振兴的先决条件，又存在空间维度的交叉重叠关系，即脱贫攻坚主要解决发展中的不平衡问题，乡村振兴主要通过解决不充分来解决不平衡问题。这种双重维度的协同关系体现出两大战略不同的政策着力点。在组织推进这两项战略实施过程中，要充分把握两者的特性和不同，要做到不能因为脱贫攻坚为乡村振兴留下隐患，也不能因为乡村振兴影响脱贫攻坚目标如期实现。

（一）从优先任务到顶层设计

脱贫攻坚是全面建成小康社会的底线任务，是实施乡村振兴战略的优先任务，具有紧迫性、突击性、局部性和特殊性等特点，乡村振兴则具有渐进性、持久性、整体性、综合性等特点。要打赢脱贫攻坚战，就必须坚持现行扶贫标准，按照既定时间节点，对全面建成小康社会的目标任务不折不扣完成。乡村振兴战略作为七大战略之一写入党章，是在把握工农城乡关系演变规律的基础上统筹解决"三农"问题的顶层设计。在乡村振兴这一顶层设计中，要突出重点、集中发力，确保脱贫攻坚任务率先完成。同样，在完成优先任务的过程中，要着眼于顶层设计，不断健全稳定脱贫长效机制。

（二）从特定群体到普惠支持

脱贫攻坚战略的对象是现行标准下的农村贫困人口，主要是针对建档立卡贫困户，致力于贫困地区这一特定区域。脱贫攻坚战略的实施执行，进一步突出了问题导向，聚焦深度贫困地区和特殊贫困群体。脱贫攻坚的目标群体是既定的、明确的、有严格标准的，扶贫政策在贫困户与非贫困户、贫困村与非贫困村、贫困县与非贫困县之间有严格的执行界限。乡村振兴则强调通过普惠性支持促进乡村全面振兴，惠及十几亿人口且覆盖城乡，在城乡融合发展中促进经济、政治、社会、文化、生态和党的建设，注重关联性与整体性，实现协同推进。

（三）从微观施策到整体谋划

精准扶贫是脱贫攻坚的最大特色，"五个一批"和"六个精准"是精准脱贫基本方略的最集中体现。在脱贫攻坚战中，强调解决贫困根本问题应从每一位贫困群众的致贫原因出发，制定差别化、倾斜性的支持政策，实现因人因地施策、因贫困原因施策、因贫困类型施策，下足功夫精准帮扶。乡村振兴战略更多地强调农业农村区域协同发展，坚持农业现代化与农村现代化一体设计、同时推进，突出抓好规划的引领作用，量力而行，有计划、有步骤地通过持续性政策和投入，统筹推进农业农村各项事业的发展。

三　辩证关系

随着脱贫攻坚取得重大胜利，全面建成小康社会的目标已经如期实现，国家已全面实施乡村振兴战略，这需要有序、有效开展巩固拓展脱贫攻坚成果与乡村振兴衔接，在具体衔接中，脱贫攻坚与乡村振兴的辩证关系值得深入思考。

（一）巩固拓展脱贫攻坚成果是实施乡村振兴战略的前提和重要内容

一方面，巩固拓展脱贫攻坚成果是实施乡村振兴战略的前提。从静态上看，脱贫攻坚和乡村振兴分属农村发展的两个不同时期、不同阶段，各自的标准、要求和内容差别很大。从动态上看，脱贫攻坚和乡村振兴互相联系、密不可分。脱贫摘帽不是终点，而是新生活、新奋斗的起点。这个新生活、新起点就是乡村振兴，脱贫攻坚就是乡村振兴的基础和前提，它解决的是"两不愁三保障"等基本问题，乡村振兴是脱贫攻坚的继承和继续，是更高质量、更加全面的发展，只有脱贫攻坚基础打得牢固，乡村振兴才能顺利推进。巩固拓展脱贫攻坚成果就是对我们这个基础的巩固，如果没有脱贫攻坚成果的巩固拓展，全面建成农业农村现代化也就失去了基础，乡村的全面振兴也就无从谈起。只有在妥善解决绝对贫困问题后，才能解决我们的相对贫困问题，只有将农村的文化、产业、生态、治理、民生等基础打牢固了，才能满足人民群众对美好生活的向往和需要，未来才能逐步实现 2050 年乡村全面振兴的终极目标。

另一方面，巩固拓展脱贫攻坚成果是实施乡村振兴战略的重要内容。党的十九届五中全会为我们擘画了宏伟蓝图，对优先发展农业农村、全面推进乡村振兴提出明确要求，这为我们全面实施乡村振兴战略提供了根本遵循。"十四五"时期是巩固拓展脱贫攻坚成果的关键时期，也是推动乡村全面振兴的关键时期，就巩固拓展脱贫攻坚成果与乡村振兴衔接的具体末端落实来讲，要巩固好产业的发展、强化人才的支撑、推进乡村的建设、完善乡村的治理等，这既是我们在脱贫攻坚上取得的成果，又是我们乡村振兴要大力发展的内容，巩固拓展好脱贫攻坚的成果就是实现从产业扶贫到产业振兴、从扶贫尖兵到队伍振兴、从村容整洁到生态宜居、从治理体系到治理能力现代化的乡村振兴战略的重要内容。

（二）实施乡村振兴战略为巩固拓展脱贫攻坚成果提供新的目标和保障

一方面，实施乡村振兴战略为巩固拓展脱贫攻坚成果提供新的目标。脱贫攻坚的目标是让农村居民通过国家和社会的帮扶，加之自身的努力，最终告别贫困，过上富足的生活，从而实现乡村居民与城市居民的共同富裕。目前，我们已经实现了让贫困人民摆脱贫困的近期目标，乡村振兴战略全方位、多层次地设立了乡村发展的重要内容和远近目标，规划了中国乡村发展的美好未来，明确了未来农业农村发展的方向，为脱贫攻坚提供了新的目标和长效保障。长远来看，脱贫攻坚的终极任务就是实现乡村的全面振兴，使贫困乡村同全国其他乡村一样最终实现乡村振兴的总要求，从产业、生态、乡风、治理、幸福感等多个维度彻底解决"三农"问题，从根本上遏制脱贫人口因病、因学、因老返贫等现象发生，为贫困乡村、贫困户持久稳定脱贫提供长效保障。

另一方面，实施乡村振兴战略为巩固拓展脱贫攻坚成果提供保障。乡村振兴战略之于巩固拓展脱贫攻坚成果既是手段也是目标，它为巩固拓展脱贫攻坚成果提供了源源不断的动力和保障。没有乡村振兴战略的全面实施和推进，就没有农村发展的资金支持，也没有可持续的增产增收机制，更没有激励群众致富脱贫的人才队伍，已脱贫的人口会随时返贫，脱贫攻坚的成果也就付诸东流。

第三节　巩固拓展脱贫攻坚成果与乡村 振兴有效衔接的基本特征

脱贫攻坚与乡村振兴需要协同推进，贯彻创新、协调、绿色、开放、共享的发展理念，挖掘潜力、整合资源、城乡互动、集中力量，构建现代农业体系，提升农村基础设施水平，改善农村生态环境，弘扬和传承中国特色的民间文化、乡土文化，才能更好地为建设小康社会打牢基础。① 脱贫攻坚是乡村振兴的前提，并为乡村振兴打牢基础、积累经验，乡村振兴是对脱贫攻坚乘势而上、顺势而为的重大战略举措。因此，脱贫攻坚与乡村振兴战略的实施，必须全方位多途径为农业现代化提供新的发展动能。

为实现脱贫攻坚和乡村振兴的有效衔接，可以从以下几个方面入手（见图2-1）。

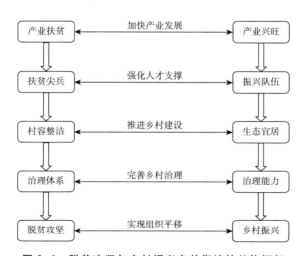

图 2-1　脱贫攻坚与乡村振兴有效衔接的总体框架

---

① 李新：《乡村振兴与脱贫攻坚协调推进的策略选择》，《通化师范学院学报》2019 年第 5 期。

一　加快产业发展：从产业扶贫到产业兴旺

产业扶贫是一种内生性、根本性的扶贫路径，其自身具有灵活性、多样性和适应性的特征，因而被贫困地区广泛采用。[①]

通过发展种植业、养殖业、手工业等传统产业来增加农民收入、促进贫困人口稳定就业是大多数贫困地区脱贫的有效手段。现已有不少地区通过探索形成了初步的产业规模，孕育出了摆脱贫困的新动能。近看，发展就业门槛低、增收见效快的传统产业，能够较快实现贫困地区的脱贫目标；远观，实现农业产业现代化发展是完成脱贫攻坚、实现乡村振兴的必要条件。这就意味着，贫困地区的产业发展要从简单的产业扶贫模式转换到产业兴旺的思路上来，通过优化产业结构、延伸产业链条，进一步激发乡村发展活力、巩固农村发展成果。这样在拓宽农民增收渠道的同时还可以促进农村劳动力转移就业，彻底摆脱农民增收、创收后劲不足导致的返贫现象，而且能够推动贫困地区产业高质量发展，进而推动农村经济社会发展和群众生活改善。

习近平总书记指出要推动农业农村经济适应市场需求变化、加快优化升级、促进产业融合。依据市场需求适时调配资源、制定产业发展战略是产业做大做强的先决条件。为此，首先，需不断延伸农业产业链、价值链，培养附加值高、抗风险能力强、富有竞争力的产业。其次，全方位、多维度地统筹布局，在产业配置上实现长效主导产业和短效特色产业间精准、有序衔接。最后，逐步促进第一、二、三产业融合发展，培育农业农村发展新动能，壮大乡村特色产业，努力走出一条人无我有、科学发展、符合自身实际的道路。

案例链接 1

精雕细琢铸匠心　非遗木雕助脱贫
——剑川木雕产业扶贫放异彩典型案例

"雕得金龙腾空舞，刻出雄鸡报五更，凿成百鸟枝头唱，镂花引蜜蜂，

[①] 李冬慧、乔陆印：《从产业扶贫到产业兴旺：贫困地区产业发展困境与创新趋向》，《求实》2019 年第 6 期。

阿咿哟……"一首传统白族歌曲，唱出白族人对剑川木雕技艺的赞美。在木头上雕刻，让木头开花，在每个流光溢彩的日子里，木雕都装点着白族人家有滋有味的生活。剑川县1996年被文化部命名为"中国木雕艺术之乡"，作为"中国八大木雕流派"之一的剑川木雕是我国一项宝贵艺术遗产，2011年被列入第三批国家级非物质文化遗产名录。根据史料记载和专家考证，唐代时剑川木匠就承担了南诏五华楼木雕构件的制作；宋代时期曾有剑川木雕艺人进京献艺，轰动京华。清代学者张泓在其《滇南新语》中记述："滇之七十余县及邻滇之川黔桂等省，善规矩斧凿者，随地皆剑民也。"可见当时剑川木雕木匠之众多，流传之普遍。

在一千多年的发展历史中，剑川木雕形成了三大艺术特点。一是许多木匠集木匠和文人学者于一身。有道是"拿起墨斗当木匠，提起朱笔做先生"，他们把书法、绘画艺术和木雕艺术结合起来，使木雕寓意深刻、构图新颖、刀法遒劲。二是石雕和木雕技艺互补，融会贯通。三是剑川木雕榫接独特，剑川木匠做的榫是斜榫，榫榫相接，不见榫眼，坚实牢固。

剑川县位于"三江并流"自然保护区南端和国家"一带一路"倡议南丝绸之路经济带上，是大理州连接丽江和怒江、通向香格里拉、走进川藏的重要门户。1984年被列为省级贫困县，1994年被列为国家级贫困县，1999年被列为云南省革命老区县，2012年被列入滇西连片特困地区县，2014年被列为云南省扶贫开发重点县。全县共4个贫困乡镇，46个贫困村，建档立卡贫困户7760户31397人，致贫原因中缺技术达2981户，占38.41%。自脱贫攻坚工作开展以来，剑川县紧紧依托剑川木雕这个特色产业，以市场为导向，通过木雕之乡、中国民族家具产业基地、狮河木雕专业村等平台，创新体制、科技，实施品牌战略，不断提升剑川木雕产业的整体设计和生产能力，加快了剑川木雕的发展。目前，全县从事木雕工艺的人员有21000多人，占全县总人口的11%。木雕产业已经成为群众增收致富的"钱袋子"，在益贫带贫、助推脱贫中大放异彩。

一、健全组织机构，抓传承发展

将剑川木雕保护传承纳入政府的重要议事日程，纳入县域经济建设和社会和谐发展的整体规划。先后成立了剑川木雕保护传承项目实施领导小组等机构，形成了县委、县政府主要领导亲自抓、分管领导直接抓、职能部门具体抓、有关部门配合抓的工作机制，为有效保护剑川木雕提供了坚强的组织保障。成立了剑川非遗中心、木雕传习所，制定了《国家级非物质文化遗产保护项目剑川木雕保护传承工作方案》，促进传承保护工作有序开展。加大对《中华人民共和国非物质文化遗产法》《云南省非物质文化遗产保护条例》宣传力度，加快木雕产业发展，成立了规划面积 2.35平方公里的狮河木雕工业园区，从政策、资金上加大扶持力度。2016 年，引进桂林万城旅游文化投资公司在狮河木雕工业园区投资建设剑川木雕艺术小镇，项目概算投资 15.8 亿元，规划面积达 3.2 平方公里，建设以"木雕为主、旅游为辅"的特色产业小镇。

二、培育新型主体，抓龙头带动

甸南镇海虹下登村段凤松从小随着父辈学习木雕技艺，他一直以来的心愿是做个称职的"守艺人"，带领的 18 名学徒，其中建档立卡贫困户有 4 名。他的工作室是村里的一间老宅，桌上摆满了凿子等雕刻工具，院里台阶上堆放的一些大大小小的磨石上，那些深深浅浅的磨痕印证着段凤松年复一年的努力。工作室中一件名为《和谐》的圆形木雕作品，采用了镂空、深雕、浅雕、薄雕、线雕、圆雕等多种技法，在十厘米的木板上多层次一次性手工雕成，体现了传统木雕的独特之处，精美细致，雕工细腻，让人惊叹不已。

长期以来，剑川木雕加工经营户较多，但大多数像段凤松这样为家庭作坊式生产，产品市场占有份额少，企业生产布局分散，产业集约化程度低，规模水平不高，产品竞争力弱，产品附加值较低，普遍存在弱、小、散的问题。2016 年底，全县 1500 余经营户中，多数企业年产值在 50 万元以下，仅有 1 家规模以上企业（兴艺木雕文化发展有限公司），示范带动作用不明显。为擦亮"剑川木雕"这块金字招牌，让古老的木雕产业重新焕发新的生机，在脱贫攻坚中带动群众增收致富，剑川坚持把培育木雕产业新型经营主体放在首位，发展了一批以兴艺木雕文化发展有限公司、国艺木雕有限公司、宏盛古建筑工程有限公司、金达有限公司、狮河木雕协会等龙头企业为主的新型经营主体，通过"党支部+公司+协会+基地+木雕户"模式，既推动了木雕产业的飞速发展，又带动了大量群众从业。2011 年剑川木雕被国务院列入第三批国家级非物质文化遗产名录，2013 年剑川木雕成功注册"国家地理标志证明商标"，2017 年剑川木雕艺术小镇启动创建省级一流特色小镇工作。目前，全县 1500 余家经营户中，木器木雕工商登记私营企业、个体经营户有 199 家、古建公司 95 家，已有 4 家规模以上企业。木雕品牌商标 34 个，经国家、省、州确认颁发专业技术证书的技术人员有 980 人，其中有联合国教科文组织授予的民间工艺美术大师 2 人，国家级工艺美术大师 6 人，省级工艺美术大师 26 人，国家级代表性传承人 1 人，省级代表性传承人 6 人，州级代表性传承人 6 人，县级代表性传承人 69 人。有木材初级专业市场 4 个，涌现了以狮河、朱柳、回龙等村为典型的"木雕专业村"。

流行在滇西北一带的"丽江粑粑鹤庆酒，剑川木匠到处有"民谚，就是剑川木匠师傅们走南闯北解决生计问题的真实写照。全县木器木雕产业从业人员 21000 余人，其中有 3000 余人长期在北京、西安、西藏和云南省昆明、玉溪、普洱、保山、丽江等地从事古建筑建设和木器木雕工艺。2019 年剑川木雕产业实现产值 4.74 亿元，同比增长 11.8%，直接带动建档立卡贫困人口 360 多户 1200 多人。真正成为群众的"增收产业"和"致富产业"，成为引领农村群众脱贫致富的中坚力量。

三、培育品种品类，抓市场带动

剑川县甸南镇狮河村家家户户以雕刻制作木雕产品为生，已经走出了一大批以张根汉、张月秋、张金林等为代表的企业家。在狮河木雕的带动下，剑川木雕正在崛起。为做大做强木雕产业，进一步扩大产业规模，带动更多群众，剑川县坚持规划先行、合理布局，突出重点、分片安置，形成了以甸南镇狮河村为中心，辐射带动周边村镇的木雕产业格局，全县 8 个乡镇均有木器木雕加工户和从业人员，以甸南镇、金华镇较集中，并按产品区分成甸南镇狮河、回龙、天马、朱柳 4 个专业村和金华镇新仁、文榜 2 个专业村，狮河村以生产格子门窗为主，回龙村多以挂屏、茶盘等工艺品类为主，天马村多以装饰件、贵重木雕等工艺品类为主，朱柳村以家具类、工艺品类为主，新仁村和文榜村多以家具、古建筑、格子门窗为主。形成了产品专业化的格局，带动了周边村落大量农村贫困富余劳动力从业，狮河等木雕村整村收入远高于其他农业村，带贫益贫效果明显。现在，狮河村旁一座占地面积 3.2 平方公里的木雕艺术小镇正在崛起，"木雕艺术之乡"的品牌正在打响。

在"2019年大理·剑川木雕艺术博览会暨剑川木雕文化节"开幕式上，狮河村76岁的张仙美老人一大早就搬来了个小凳子，和村里的老人一起来看开幕式文艺演出。"真没想到还会赶上这样的好日子，以前村里人天天做木雕，却收入低、生活困难，加上交通不便，去赶个集要走1个多小时的路，穷得连外地姑娘都不敢嫁来我们村子，现在不一样了，家家户户赚了钱，外面的人都进村里来参观学习，我们老人感到很自豪啊！"张仙美激动地说。通过多年的努力，剑川木雕已形成建筑木雕、实用性木雕、陈设性木雕、文化产品类木雕四大门类6000多个花色品种，成为集艺术价值、观赏价值、实用价值和收藏价值于一体的传统文化产品，远销五大洲100多个国家和地区。

四、培育能工巧匠，抓技艺传承

走出去、请进来是剑川木雕适应时代发展、培养木雕人才的一个重要途径。近年来，剑川县高度重视木雕人才培育工作，先后与中央美术学院、云南技师学院、大理大学等一批高校，签订了剑川木雕人才中长期培养协议。依托与中央美术学院对口帮扶战略合作协议，和云南大学"县校合作"等机遇，剑川县通过走出去和请进来的方式组织开展美术工艺、工匠技艺、农村实用技术等方面的专题培训，自2017年以来，推荐3批4名剑川学员采取随堂上课的方式到中央美术学院进修；3批5位中央美术学院教师到剑川开展培训讲座，为本土人才和基层群众分类开展订单式培训、定向培训，提升本土人才"吸优"和"传技"的能力。组织60多名非遗传承人参加文化和旅游部、教育部中国非物质文化遗产传承人群研修研习培训计划。成立大理传统工艺工作站剑川基地暨中央美术学院驻云南大理剑川传统工艺工作站，举办"剑川传统工艺大讲堂"9期，受益人群达800多人。

非遗进校园、进社区活动广泛开展。非遗木雕项目保护单位在中央美术学院师资力量和技艺的支持下，配合县职业中学开办了"木雕工艺美术班"，与企业合作建设木雕技艺传习院，为乡镇木雕厂开办木雕培训班，编写教材、授课辅导，培养出一大批不但能雕刻，还能自己设计创作的木雕工艺人才，不但让剑川木雕后继有人，还将木雕产业做成一个重要的

"扶贫产业"项目。

五、开展技能培训，助推残疾人"居家就业"

剑川县不遗余力推动木雕产业带贫益贫机制，鼓励动员各企业、木雕协会加大对贫困劳动力和农村富余劳动力的培训力度，进行残疾人木雕技能培训，开创残疾人"居家就业"。开办每期30名学员的残疾人木雕技能"定向性"培训班，受训学员可直接留下就业，也可回家雕刻加工，再由厂方验收后进行统一组装、统一销售，为残疾人实现"居家就业"创造条件。

剑川县羊岑乡兴文村的杨元松创建了羊岑兴文艺承木雕工作室，已经培训了120多名雕刻技工，其中残疾人约30人，建档立卡贫困户50多人，提供就业岗位90个。这些残疾人每月平均收入2000元左右，工资主要是以雕刻件数计算。由此他们从原来的"家庭负担"或者是"庄稼汉"，变成了技术娴熟的雕刻匠，有了一份稳定的收入，通过辛勤劳动改变生活。

曾获得县木雕技术能手的残疾人赵玉林经常在公司里这样说："今天又来厂里交活计，这样灵活性强的'居家就业'最适合我们行动不便的人，以前没有技术只能找些简单的工作，收入不高，后来通过木雕技术培训，技术掌握后就把活计带回家制作，实现了'居家就业'，不仅如此，还可以同时给多家企业做工，1个月也能有3000元左右的收入。"

目前，全县木雕产业共培训3000多名木雕工艺人员，从事木雕产业的建档立卡劳动力293人，从事木雕加工的残疾人200多名，带贫益贫的作用日益加强。

六、培育推广平台，抓品牌打造

为进一步推动木雕产业规模化，剑川县积极搭建宣传、推广平台，坚持将木雕文化产业作为剑川经济增长、农民增收的支柱产业来培植。2014年在中央美术学院、北京民族文化宫和浙江东阳中国木雕城的支持下，剑川县成功举办剑川木雕展，2015年4月，剑川木雕等三个国家级非遗项目又应邀参加了在德国柏林举办的"2015欢乐新春中华非遗德国行"中国文化走廊活动，并成功举办了三届木雕、石雕等民族工艺品展览活动，开展了两次剑川木雕旅游工艺品设计制作大赛，成功召开"中国·剑川木雕文化产业发展学术研讨会"。2016年，剑川县引进桂林万城旅游文化投资公司在狮河木雕工业园区投资建设剑川木雕艺术小镇，培育集木雕文化、旅游于一体的剑川县狮河木雕片区，发展木器木雕生产企业、木材加工企业，建成了民族木雕商贸一条街和民族木雕博物馆等项目，举办了首届云南名匠木雕大师、艺术师（滇西片区）评选会、木雕交流大赛、木雕大师作品展、木雕文化产业展销会和剑川木雕艺术小镇招商推介等活动，剑川木雕、土陶、布扎等产品在南博会、旅交会等大型展会上频频亮相，屡次获奖，极大地提高了剑川木雕产品在国内外的知名度。2019 年 6 月，在"第二届全国创业就业服务展示交流活动"中，"剑川木雕工匠"劳务品牌成为全国 20 个劳务品牌之一。

七、助力"三区三州"，实现共同富裕

剑川木雕墙里开花、墙外也香，为落实习近平总书记关于"不让一个民族掉队""加快独龙江经济社会发展"的指示，发挥优势助力"三区三州"深度贫困地区脱贫，2015 年剑川县针对怒江傈僳族自治州贡山独龙族怒族自治县独龙江乡丰富的木材资源，独龙族群众希望"变柴为宝"，但又缺乏开发技能的实际，在大理、怒江两地的积极协调下，依托剑川县木雕艺术师资力量，通过开设培训班的方式，为贡山县 43 名学员举办为期 3 个月的木雕技艺培训，其中独龙族 31 人、傈僳族 5 人、藏族 4 人、怒族 2 人、汉族 1 人，年龄最小的 15 岁，最大的 51 岁。培训班教学工作参照云南技师学院建筑与民族工艺系教学模式，教学内容以木雕工艺品制作为主。云南技师学院通过与剑川县兴艺古典木雕家具厂合作，聘请中国工艺美术大师和多名省、州级非物质文化遗产传承人指导教学。当时已经有 23 人计划在回到家乡后开设自己的木雕加工坊，结合怒江的风土人情和民族文化，雕刻出具有当地特色的手工艺品，学员龙建新说："我已经购买了 1000 多元的镂空机和抛光机，回去后就要开始木雕工艺品的制作。"所有学员均取得初级工证书，剑川木雕企业帮助学员联系订单，习近平总书记对独龙江少数民族的关怀在剑川得到了充分体现，新华社、人民网等媒体做了专题报道。通过此次培训，一大批家庭或将因此走上脱贫致富的道路，更好地推进木雕产业在当地发展。之后，在省文化和旅游厅、云南技师学院的协助下，剑川县先后赴独龙江乡开展 2 期中国非物质文化遗产传承人群（研培计划）独龙族木工培训班，共培训学员 70 名。2016 年至今，

剑川县与云南技师学院合作，先后到迪庆藏族自治州维西傈僳族自治县高泉村开展 4 期木雕扶贫培训班，累计培训学员 162 名，实现"培训一人、转移一人、就业一人、脱贫一户"，让传统木雕技艺成为不同地区、不同民族脱贫致富的重要保障，变外部"输血"为内部"造血"，带动怒江、迪庆同胞脱贫致富。同时，积极开展"非遗项目助推脱贫攻坚"项目，让传统技艺成为不同地区、不同民族脱贫致富的重要保障，民族团结进步、共创共建共享得到充分实践。

剑川县由于资源匮乏、技术缺乏等，脱贫攻坚工作困难重重，只有找到问题根源才能破解难题。紧紧依托剑川木雕这个特色产业，发挥剑川木雕历史悠久、工艺精湛、文化积淀深厚这一优势，探索出一条木雕产业促增收、助脱贫的新路子。

（一）抓实龙头企业、木雕产业示范村扶持，促进产业聚集

加强规划引领、典型示范，以"转型、提档、改造、升级"为抓手，对园区内龙头企业在技术改造、新产品研发、信息化建设、文化创意、人才培训等方面给予政策扶持，重点培育一批优势突出、规模较大、管理水平较高、品牌卓著、个性化强的本土企业和一批民族木雕手工加工示范村；支持木雕企业兼并整合、优势互补、做大做强，鼓励企业升规；围绕产业发展方向，引导资源、技术、人才、资金等要素向园区骨干企业、龙头企业和木雕产业示范村集聚，以剑川木雕艺术小镇为核心，把特点突出、有实力的木雕企业逐渐引导到产业园区中发展，改变剑川木雕小、散、弱、乱的现状，以各种优惠措施积极引进外地企业入驻园区，实现产业集群集聚。

（二）加强人才培养，为非遗手艺人提供技能培训

首先，借助传统工艺工作站，为有意愿学习木雕的爱好者提供全面培训，发掘他们的手工技艺特长，培育更多非遗匠人，壮大生产队伍。依托与中央美术学院对口帮扶战略合作协议，和云南大学"县校合作"等机遇，通过走出去和请进来的方式组织开展剑川木雕专题培训，提升传承人、从业人员"吸优"和"传技"的能力。以传统工艺工作站、传习所为基地，扩大对外交流，积极组织剑川木雕参加、参与国内外的展览、展销活动，加强与国内其他木雕流派及南亚、东南亚国家木雕文化的交流合作，拓宽市场，拓展市场销售渠道，增加从业人员数量，促进群众增加收入，助推脱贫攻坚，帮助群众解决就业困难。其次，与国内外木雕行业同道切磋技艺，从人文、民间、工艺交流着手，提升剑川木雕技艺水平，推广、宣传剑川木雕历史悠久的优秀工艺文化和优秀民族文化。完善木雕艺人的培养机制，组织木雕艺人对外学习，鼓励剑川木雕艺人走出去，学习科学的发展理念，有助于木雕艺人在木雕产品设计和市场营销上进行创新。最后，应加强设计研发，创作定制式非遗木雕时尚产品。借助中央美术学院的师生力量，邀请知名设计师浸入式体验和创作，结合剑川当地的风土民情、自然资源、人文特色，对木雕工艺产品进行包装和设计，推动剑川木雕创新、发展。

（三）应拓宽销售市场，电商平台全链条推动产品市场化及产业化

借助大理旅游大数据设备、"一部手机游云南"智慧平台、剑川电子商务平台及2188网络销售渠道，建立剑川木雕等非遗产品的购物平台，在网络平台实时推送优秀传统工艺品、木雕家具、创意木雕作品等，实现群众增收致富、企业盈利的良好态势，积极推动剑川全域旅游发展、木雕产业发展及经济社会发展。通过行业联合指导、非遗人才培养、非遗时尚产品打造、电商公益售卖等举措，探索出一条"电商+非遗+扶贫"的非遗扶贫新经济特色化路子，在精准扶贫的同时实现非遗活化传承，创新践行电商精准扶贫。

（四）应创新宣传方式，提升剑川木雕非遗项目知名度和美誉度

以中央美术学院驻云南大理剑川传统工艺工作站为平台和载体，引导非遗传承人、传统工艺从业人员、设计人员开展剑川木雕技艺传承、产品研发、创新设计等交流活动，鼓励社会各界人员参与到各项活动中，实现平台公共服务目的。通过宣传，努力把项目、订单引进来，真正将"指尖绝技"转化为"指尖经济"。

案例链接 2

以民族特色文化产业巩固脱贫成效

楚雄彝族自治州大姚县历史文化厚重，民族风情浓郁，全县29万人口中，彝族人口占到近34%。近年来，大姚县把发展富有地方特色、民族特色的彝族刺绣产业和脱贫攻坚有机结合，以民族特色文化产业促进脱贫攻坚和巩固脱贫攻坚成效。

图案精美、色彩艳丽、寓意深刻的彝族刺绣，是彝族最具代表性的文化表述和载体，有其鲜明的地域和民族特色，也是中国传统民族民间工艺的重要组成部分。近年来，在市场经济的推动下，大姚县在发挥特色优势上做文章，在提高产品的工艺水平和文化品位上下功夫，使民族刺绣工艺品逐渐走出了家庭、走出了大山，以商品的形式走向全国各地及国外市场。通过努力，彝族刺绣这门传统工艺得到有效保护，逐步走出一条传承发扬与开拓创新相得益彰的发展之路。目前，全县共组建16个彝绣企业，其中彝绣龙头企业2家、彝绣微型企业3家、彝绣专业合作社2个，拥有州级彝绣专业示范村5个、彝绣著名商标2个。2019年大姚县咪依噜民族服饰制品有限公司和云南纳喜文化创意开发有限公司两家企业产品销售收入在3000万元以上。全县从事刺绣的妇女有9700多人，一批彝绣女成为彝绣经纪人。彝绣产业成为大部分农村妇女家中的经济支柱，一批彝绣女实现居家创业，增加了收入，摆脱了贫困。

提高绣女综合素质。大姚县将绣女技能培训作为促进彝绣文化产业发展的基础工作来抓，采取"走出去"和"请进来"相结合的方式，加强技能培训，不断提高绣女的刺绣技艺和设计创新能力。近年来，共举办培训班40余期，培训绣女5000余人次。组织彝绣经纪人参加彝绣经纪人培训班，取得农产品经纪人资格证书。组织彝绣企业负责人到四川考察蜀绣产业发展，组织彝绣骨干到杭州、苏州等地学习刺绣技艺，邀请中国美术学院的专家对绣女进行面对面指导。县妇联投入经费制作了"大姚彝绣"光碟400余张，发放到全县12个乡镇和129个村（居）委会，利用各种平台传授彝绣技艺。通过培训，促进绣女在刺绣产品图样设计、工艺流程、技能技法等方面推陈出新，激发她们开发新产品的积极性和参与市场竞争的主动性。

搭建彝绣平台。在搭建妇女致富新平台上出实招，采取"协会（合作社）＋会员"的运作模式，组建刺绣协会、专业合作社，把分散刺绣户集中起来，共同应对市场风险、打造品牌。协会、合作社成为女能手之间互助协作、资源共享、宣传交流的平台，为会员营造良好的发展环境。彝族刺绣文化产业逐步走入"协会（合作社）＋会员"的合作化发展之路，改变以往民间自发性生产和零打碎卖式的营销模式，提高了彝绣产业的市场化运作水平。

拓宽彝绣供销渠道。扶持、引导彝绣企业及经纪人到外地建立彝绣展销部，建立宣传和展示彝绣手工艺品的窗口。如云南纳喜文化创意开发有限公司，就先后发展了北京、上海、天津、贵阳、昆明、台湾等 6 个地区的经销商，在这些地区建立了 12 个销售点。这些在外地建立拓展的彝绣展销部和宣传展示窗口，充分发挥了内联彝绣女能手、外联县内外彝绣品市场的纽带作用，拓宽了彝绣供销渠道。目前，长期为彝绣展销部供货的彝绣女能手有 800 多人，绣女人均每月增收 1000 元以上。

扩大彝绣产品影响力。一是借助各种展会，推荐彝绣产品。组织刺绣品外出参加香港博览会、南博会、义博会、文博会以及楚雄州举办的"七彩霓裳"服饰展演、非物质文化遗产动态展等各种展会，展示大姚彝绣精品。同时，在县内举办的昙华彝族插花节、三台赛装节、石羊祭孔大典等各种大型节日活动中，加进彝绣品展演、"十大绣女"评选大赛等活动。这些举措，取得了全方位传播、不断提升大姚彝绣影响力的效果。二是借助媒体力量，扩大彝绣影响力。利用多种媒体进行对外宣传，做好"纳苏"和"咪依噜"两个彝绣品牌的推介，宣传彝绣女企业家、彝绣女能手。这些综合举措，使大姚彝绣非物质文化遗产先后荣获国际"杰出手工艺品徽章认证"、云南省著名商标、特色文化产业示范企业、特色文化产业知名品牌、楚雄彝族服饰传习所、巾帼创新业示范基地等称号，有力促进了彝族生产和销售。

推动彝绣产业化发展。为了更好地扶持彝绣女能手发展彝绣产业，大姚县争取"妇女发展循环金""贷免扶补"等项目，2019 年向定点扶贫大姚的北京中智公司申请资金 100 万元，为龙街镇塔底村彝族刺绣协会和大姚县咪依噜民族服饰制品有限公司争取"母亲创业循环金"78 万元，县妇联投入彝绣技能培训经费 20 余万元、投入"贷免扶补"小额贴息担保贷款 60 余万元等，有力推动了彝绣文化产业发展壮大，带动妇女就业、增收。

二　强化人才支撑：从扶贫尖兵到振兴队伍

巩固拓展脱贫攻坚成果与推动乡村振兴战略的核心动能是人才的培育。习近平总书记曾强调，"人才振兴是乡村振兴的基础，要创新乡村人才工作体制机制，充分激发乡村现有人才活力，把更多城市人才引向乡村创新创业"[①]。因此，实现"激活存量"和"吸纳增量"，成为强化人才支撑、做好有效衔接的关键要素。

包村干部、驻村工作队和第一书记等在脱贫攻坚阶段带领群众脱贫致富，是攻克贫困的尖兵。在脱贫攻坚任务如期完成后，按照保障重点、循序渐进的原则，他们将在巩固和拓展脱贫攻坚成果及谋划实施乡村振兴战略上继续发挥担重任、打硬仗的作用：一方面，在消除绝对贫困的基础上注重对相对贫困群体的日常性帮扶，减少和防止贫困人口返贫；另一方面，结合乡村振兴战略的新要求，与时俱进地加强自身建设，让"雁阵效应"更加凸显。[②] 激发扶贫干部人才活力，创新乡村人才工作体制机制，积极开拓人才培养新路径，鼓励外出农民工、高校毕业生、退伍军人、城市各类人才返乡创新创业，培养造就一支懂农业、爱农村、爱农民的"三农"人才振兴队伍。

党的十九大报告明确指出扶贫要与扶志相结合，要将提升贫困人口脱贫攻坚的主动性、积极性、创造性摆在更加突出的位置。不管是脱贫攻坚还是乡村振兴都需要以人才为支撑，仅依靠包村干部、驻村工作队、第一书记或是外来人才的一腔热情和身体力行是远远不够的，农民个体或群体自发的动力和渴望脱贫致富的愿望才是脱贫攻坚和乡村振兴的有力保障。从脱贫攻坚到乡村振兴一路走来，广大农民群众切实感受到了新时代农业农村发展带来的更高要求，接下来就要大力开展农民职业教育，激发农民群众自我培养、自我奋进的内生动力。

---

① 习近平：《把乡村振兴战略作为新时代"三农"工作总抓手》，《求是》2019 年第 11 期。
② 涂圣伟：《聚力脱贫攻坚和乡村振兴的统筹衔接》，《智慧中国》2019 年第 9 期。

案例链接

九乡乡麦地冲村都市驱动型乡村振兴创新实验区人才培养方案

一、实验性培育方式

（一）建立青年就业平台

麦地冲村在已经成立的麦地彩居有限公司设见习基地，同时发挥九乡乡政府现有服务中心见习基地（九乡水电服务中心）的优势，发展高端休闲、自然教育、农旅结合、文化产业等新业态，将大量原本在城市成长的、符合现代特点的、现代化的、城市化的产业吸引到麦地冲村发展，让当地年轻人留下来就业、服务。

（二）提供有吸引力的薪资标准及增长机制

综合农民外出务工平均收入水平、当地最低工资标准、社会保险等标准，由麦地彩居有限公司按照现代企业、城市就业的模式制定薪资标准和合理的增长机制，提供与在城市就业相匹配的工作条件等，吸引县内外有志青年积极投身到乡村振兴事业中。

（三）建立青年人才培育基金

实验期间在麦地冲设立青年人才培育基金，资金来源为上级奖补资金、单位（企业、个人）捐资赞助等，专项用于开支麦地彩居有限公司实验期间招聘的回引人才工资和本土人才培训费用。上级奖补资金的使用按照《九乡乡麦地冲村都市驱动型乡村振兴创新实验区项目奖补资金管理办法（试行）》执行。

（四）开展本土人才培训

麦地彩居有限公司根据乡村振兴发展的需要，结合本村实际，在中国农业大学李小云教授团队、县级有关部门和九乡乡的指导下，有针对性地开展与麦地冲村新业态相适应、与城市就业相匹配的就业岗位培训。

（五）建立优秀后备人才培养选拔机制

把在乡村振兴实验推进中涌现出来、选拔出来的本村青年人才作为入党积极分子、后备村组干部骨干重点培养，完善本土优秀人才选拔激励机制，着力夯实乡村振兴的人才队伍建设。

二、相关政策措施

（一）吸引高校毕业生创业就业

对 2015 年以来未就业、到九乡乡麦地冲乡村振兴创新实验基地创业就业的高校毕业生，给予提供以下政策扶持补助。

助力九乡乡麦地冲乡村振兴创新实验基地的大学生或团队经营实体，可入驻大学生创业园，享受免费孵化服务，若租赁其他经营场所，按照同类场地租金平均水平 70% 的标准给予最长不超过 2 年的场租补贴，每年场租补贴最高不超过 1 万元。

到九乡乡麦地冲乡村振兴创新实验基地自主创业的大学生或团队经营实体，与城乡劳动者签订并履行 1 年以上期限劳动合同的，给予一次性创业补贴。其中：能带动 3 至 5 人的给予一次性创业补贴 3000 元，带动 6 人及以上就业的给予一次性创业补贴 5000 元。

到九乡乡麦地冲乡村振兴创新实验基地自主创业的大学生或团队经营实体，首次创业失败再次创业的，凭工商注销或法院判决破产等相关证明材料，按其企业实际货币投资额的 50%，给予一次性最高不超过 3 万元的二次创业补贴。

（二）给予创业金融支持

在麦地冲村有实体经营场所的创业者取得营业执照满 1 年以上的，可以申请创业担保贷款，一次性可申请 15 万元的贴息贷款。信用社向符合条件的高校毕业生发放返乡创业贷款，给予整村授信及相关金融支持，开展整村授信授牌仪式，麦地冲村符合条件的村民可获得 10 万~200 万元不等金额的低利率贷款。

（三）退役军人创业扶持

麦地冲村退役军人可享受免费职业技能提升培训。麦地冲村自主经营个体工商户或自主创业创办小微企业的退役军人可按规定申请"贷免扶补"、创业担保贷款，可申请最高额度不超过 15 万元的贴息贷款。退役军人自主创办的小微企业当年新招用符合创业担保贷款申请条件的人员数量达企业现有在职职工人数 25%（超过 100 人的企业达 15%），并与其签订 1 年以上劳动合同的，可申请小微企业创业担保贷款，贷款最高额度不超过

300 万元，财政部门按照贷款合同签订日贷款基础率给予 50% 的贴息，企业自行承担另外 50% 和上浮利率。

（四）畅通紧缺急需人才引进渠道

根据《宜良县紧缺急需人才引进培养工作暂行办法（试行）》，充分发挥政府引才的主体作用，九乡乡根据工作需要引进支柱产业、新兴产业、特色产业等领域急需的专业技术、经营管理、技能等人才，对符合条件的引进人才给予政策支持扶持。

（五）吸引专家团队建设项目

积极吸引乡村振兴、文化艺术等方面专家团队入驻九乡乡麦地冲乡村振兴创新实验基地。对每年到麦地冲从事研究创作不低于一个月的，可提供麦地冲流转闲置农房，其可自行改造工作室，并免前三年房屋租金。

（六）加强专家工作站建设申报

加大"春城计划"高层次人才引进和培养政策的宣传力度，鼓励和引导麦地冲以昆明市乡村振兴示范点为依托积极申报评选专家工作站、技能大师工作室等人才平台，吸引广大青年返乡创业发展。

（七）优先推荐奖励项目

在九乡乡麦地冲乡村振兴创新实验创业工作中，对带领九乡群众脱贫致富取得突出成绩的致富带头人，科技成果推广应用取得较大经济效益的科技人才，创办实体经济，安置九乡农村富余劳动力和对劳动力转移做出较大贡献的，优先推荐申报"云南省拔尖农村乡土人才"项目。

三 推进乡村建设：从村容整洁到生态宜居

乡村建设的有效实施，既能进一步提升农村环境质量，让脱贫人口更好地安居乐业，又能为推动乡村振兴的纵深发展积蓄新力量，为农村生态文明建设实现质的提升创造新条件。

在脱贫攻坚阶段，改善贫困地区居民基本生产生活条件是推进乡村建设的首要目标，围绕加快补齐农村人居环境突出的短板，以加大对水、电、路、气、网等基础设施建设投入力度为抓手进行展开。近年来，随着广大农民群众对生活环境有了更高的期待，农村建设的发力点需从填补基础建设空白转变到推动人与自然之间、城乡资源要素之间的良性互动上来，从而逐步实现生态宜居这一目标。

推进乡村建设，依旧需从"统筹"和"衔接"两个层面发力。一方面，在原先满足农民群众基本生活需求的基础上，配合乡村振兴发展需要，将基础设施建设在覆盖面上逐步扩大，在功能功效上有序升级，建设美丽乡村。另一方面，找到乡村建设各个环节间的内在联系，结合实际，聚焦脱贫攻坚和乡村振兴进程中的阶段性任务，找准突破口，排出优先次序。同时，需特别注重乡村建设中生态文明理念的指导，在短期建设的各个环节中提升实效。

四　完善乡村治理：从治理体系到治理能力

脱贫攻坚阶段的乡村治理聚焦于推动贫困治理的现代化。贫困治理的过程是一个社会再动员、再组织和再塑造的过程。贫困治理体制机制的完善，既可以直接推动国家治理体系的完善和治理能力的提升，又可以为实施乡村振兴战略积累大量的治理经验。随着乡村治理涵盖对象更广、治理目标更高、应对挑战更大，要在现有贫困治理思维和做法的基础上，围绕乡村振兴战略布局和脱贫攻坚2020年目标任务完成后的思路，推进乡村治理体系和治理能力现代化，夯实乡村振兴基础建设，为实现农业农村现代化目标、贯彻新发展理念、解放和发展农村生产力提供有利的组织保障，确保农村充满活力、和谐有序。

五　实现组织平移：从脱贫攻坚到乡村振兴

脱贫攻坚中党建具有关键性功能，拥有强大的组织动员能力。脱贫攻坚战略实施以来，"以党建促脱贫"凸显了党在反贫困斗争中的政治定力，农村基层党组织与脱贫攻坚有机结合成为脱贫攻坚的核心引擎。以党建促脱贫攻坚分为三个点：一是五级书记一起抓，形成强大的贫困治理动员能力；二是通过构建驻村扶贫工作队和"第一书记"制度，实现对贫困村外部组织和资源的注入；三是通过党建扶贫的"溢出效应"，实现对社会和市场的联结，从而建构起政府、社会与市场的"大扶贫"格局。[①] 因此，"以党建促脱贫"不仅在治理贫困层面取得了较大成效，而且实现了社会治理与乡村治理的重塑，理应成为组织振兴的"平行经验"。

第四节　省外脱贫攻坚与乡村振兴有效衔接的典型经验启示

一　贵州省脱贫攻坚的主要经验

贵州是全国脱贫攻坚的主战场。党的十八大以来，全省减少贫困人口768 万人，减贫人数全国第一，取得了历史性的巨大成就，打造了全国脱贫攻坚的"省级样板"。

（一）产业发展

贵州突出发挥资源特色，积极注入现代要素，聚焦实现高效目标，在现代山地特色高效农业发展上迈出了坚实步伐。贵州第一产业增加值增幅连续 5 年排名全国第一，2020 年达 2539.88 亿元，一批特色优势产业从名不见经传到规模进入全国前茅，贵州绿茶、辣椒、马铃薯、火龙果、薏仁、中药材等农产品和茅台酒、老干妈辣椒酱等加工产品享誉市场。

（二）异地扶贫搬迁

按照坚持省级统贷统还、以自然村寨整体搬迁为主、城镇化集中安置、以县为单位集中建设、不让贫困户因搬迁而负债、以产定搬、以岗定搬的原则，贵州因地制宜，实施差别化补助和奖励政策，"十三五"期间搬迁总规模为 188 万人，其中贫困人口 149.4 万人，整体搬迁自然村寨 10090 个。

---

① 豆书龙、叶敬忠：《乡村振兴与脱贫攻坚的有机衔接及其机制构建》，《改革》2019 年第 1 期。

（三）交通建设

2017 年 8 月，贵州启动了农村"组组通"硬化路建设三年大决战。截至 2019 年 7 月底，贵州建成了近 8 万公里"组组通"硬化路，彻底解决沿线 1200 万名农民群众出行不便问题。据不完全统计，"组组通"建设带动贫困群众 25 万余人次，带动增收 27.1 亿元，带动农业产业发展 500 余万亩，乡村旅游村寨突破 3500 个。截至 2018 年底，贵州公路里程达 19.7 万公里，其中高速公路里程达 6453 公里，综合密度跃居全国第一位。①

（四）公共服务

从 2019 年 2 月，贵州省做出了全力构建基本公共服务、培训和就业服务、文化服务、社区治理、基层党建"五个体系"的制度性安排，工作重心从以搬迁为主向以后续扶持为主转变，把教育、医疗、住房"三保障"作为脱贫攻坚的"四场硬仗"之一，作为群众脱贫与否的重要指标，让贫困人口真正实现学有所教、病有所医、住有所居。一是持续压缩 6% 的行政经费用于教育扶贫，深入实施教育精准脱贫"1+N"计划，扎实推动教育惠民举措，5 年来，贵州累计资助学生 4419 万人次，资助金额达 553.2 亿元。二是加快完善医疗保障体系，不断提升基层医疗服务能力，省、市、县、乡四级远程医疗全覆盖，30 多万人享受到远程医疗带来的便利和实惠，303.39 万人次享受到健康扶贫医疗保障救助政策。三是积极探索实践，制定农村危房改造对象认定标准，出台农村危房改造工程党政领导干部问责办法，2019 年完成全部现有农村危房改造任务。

二　江西省脱贫攻坚的主要经验

江西是著名的革命老区，经济基础薄弱，贫困状况比较突出。全省100 个县（市、区）中，有原中央苏区和特困片区县（市、区）58 个，其中罗霄山连片特困县（市、区）17 个、贫困县（市、区）25 个（含 1 个

---

① 赵勇军：《贵州："四场硬仗"决战决胜脱贫攻坚》，"天眼新闻"百家号，https：//baijiahao. baidu. com/s？id=1652459080155040550&wfr=spider&for=pc，2019 年 12 月 9 日。

省定贫困县);"十三五"贫困村 3058 个,其中深度贫困村 269 个;2013 年底,全省建档立卡贫困人口 346 万人,贫困发生率 9.21%。经过多年的努力,全省各级选派 12256 名第一书记、39775 名驻村工作队员、6336 个定点帮扶单位、30.2 万名结对帮扶干部奋战在扶贫一线,党的十八大以来,江西省累计有 40 名干部因扶贫工作献出宝贵生命。2020 年 4 月,江西省 25 个贫困县全部实现脱贫退出,江西革命老区贫困县整体脱贫摘帽,影响深远、令人瞩目,对于进一步推进江西乃至全国革命老区的振兴发展具有重要的示范意义。① 江西省脱贫攻坚取得了巨大成效,为云南省提供了很多可供借鉴的做法。

(一) 积极与经济发达地区加强交流与合作

江西省处于长江三角洲、珠江三角洲、闽南三角地区的腹地,充分发挥地域优势,在产业承接与转型的过程中加强交流与合作,重新振作革命老区老工业基地,引进高科技人才和企业,促进"互联网+扶贫工业"的创新发展。经济发达地区拥有广阔的市场、创新的经营与管理模式、丰富的人才资源、社会组织、扶贫大型企业。同时,江西也积极融入"一带一路"的开放倡议中,加强与共建地区和国家的合作交往,力争在通道、产业、经贸、平台、人文交流等方面取得进展。跨区域合作,提高自身能力。

(二) 推行产业扶贫新模式,打造三色旅游新胜地

一是推行村干部与能人带头领办、村党员主动参与、村民自愿参与、贫困群众统筹参与的"两领办三参与"产业扶贫机制,走出了经济欠发达地区脱贫攻坚补短板和促长效同步推进的新路子。② 二是打造创新型三色(绿色、红色、古色)旅游新胜地。一方面,引进先进的旅游技术与营销管理技能,将能调动视觉、听觉、触觉、嗅觉的互动体验技术与大自然的

---

① 王健:《江西 25 个贫困县全部脱贫摘帽》,"中国日报网"百家号,2020 年 4 月 26 日,https://baijiahao.baidu.com/s? id=1665039540189365938&wfr=spider&for=pc。

② 李美娟:《江西 5 年近 300 万人脱贫》,中央政府网站,2019 年 3 月 10 日,http://www.gov.cn/xinwen/2019-03/10/content_5372538.htm。

奇特风景、红色旅游资源相结合，给旅游者呈现更加真实、舒适、新颖的旅游体验。同时，加强与发达地区扶贫企业的合作，通过政府扶持和各项优惠政策，鼓励发达地区扶贫企业进入革命老区开发扶贫旅游业。另一方面，吸引外来旅客到革命老区旅游，打造乡村、休闲、绿色、红色、古色深度结合的旅游胜地，辅以扶贫公益品牌，宣传革命老区旅游，为城市旅客提供一场与大自然亲密接触的旅游盛宴。[①]

三　浙江省脱贫攻坚的主要经验

浙江历届省委、省政府高度重视扶贫开发工作，始终践行精准扶贫，实现了由"大水漫灌"到"精准滴灌"的转变。以全面消除贫困现象为目标，2014～2016 年，浙江实施了"扶贫开发、产业发展、公共服务"第二轮特扶计划，到 2015 年底，全省全面消除家庭人均年收入低于 4600 元的绝对贫困现象，成为全国率先高标准完成脱贫攻坚任务的省份，实现了"不把贫困带入'十三五'"的目标。2016 年，以"精准扶贫"与"补齐低收入农户增收致富短板"为重点，上半年，全省低收入农户人均可支配收入5879 元，同比增长 16.5%，超过农民人均可支配收入增幅 8.3 个百分点。[②]

浙江扶贫开发主要是做到了五个精准：一是精准把握精准扶贫的内涵，为扎实推进精准扶贫、精准脱贫打下坚实的基础；二是精准识别，同时找准导致贫困家庭或人口低收入的关键性因素；三是精准帮扶，因户和因人制宜地采取有针对性的帮扶措施；四是精准管理，对所有识别出来的低收入农户建档立卡；五是精准考核，对精准扶贫的效果进行考核。

四　贵州省实施乡村振兴的做法

贵州省围绕到 2020 年实现现行标准下农村贫困人口脱贫的目标和任

---

① 严辰辰：《江西革命老区产业精准扶贫新路径研究》，硕士学位论文，福建师范大学，2018。
② 张世云：《"精准扶贫"与"补齐低收入农户增收致富短板"——以浙江省为例》，《观察与思考》2016 年第 12 期。

务，集中精力打好精准脱贫攻坚战，将产业兴旺、生态宜居、乡风文明、治理有效、生活富裕的乡村振兴战略总要求融入具体的脱贫攻坚行动，为乡村振兴打牢基础，在探索脱贫攻坚与乡村振兴的过程中总结出了值得在全国推广学习的案例。

（一）做强乡村旅游

花茂村位于贵州省遵义市播州区枫香镇之东北部，在乡村振兴的发展中，抢抓"四在农家·美丽乡村"创建的机遇，在全力改善基础设施的同时，因地制宜发展乡村旅游，迎来了山乡巨变。通过"一事一议"财政奖补政策，全面改善了村里的水、电、路、信、气、污水垃圾处理等基础设施，建成陶艺文化创意一条街、游客服务中心，核心区域还实现了免费Wi-Fi 和"天网工程"全覆盖，既改善了群众生活条件，又为发展乡村旅游奠定了基础。同时，花茂村积极引导农村住宅和居民点建设，新改建的黔北民居，既保持了村庄传统风貌，又结合了现代化元素，成为一道亮丽的风景线。花茂陶瓷由于工艺传统，现已成功申报为市级非物质文化遗产。① 丰富的民俗文化资源和浓郁的乡土风情，使花茂村的"乡愁经济"呈现井喷态势。花茂村统筹推进精准扶贫，实现了田园风光、红色文化、陶艺文化与产业发展有机融合。

（二）集体经营改革

塘约村位于贵州省安顺市平坝区乐平镇，是一个地势较平坦、交通便利的普通村庄。在脱贫攻坚的过程中，塘约村探索出了党建引领、改革推动、合股联营、村民自治、共同富裕的"塘约经验"，使村容村貌和村民生活发生了巨大变化。村民通过经营农家乐、以土地入股，以技艺创业、合作社内部就业等方式，让自己变成股东，让曾经的国家二类贫困村一跃成为人均纯收入破万元的小康村。塘约村通过"村社一体，合股经营"的方式，为当地的贫困户、返乡农民工提供了更多就业机会。塘约村做到了落实集体所有权，发展壮大村级集体经济；加强基层

---

① 中国新闻网：《"乡愁经济"，遵义花茂村的别样致富经》，《农家之友》2019 年第 4 期。

党组织建设，巩固党的执政基础；激发村民主人翁精神，加强基层群众自治；构建村庄治理体系，实现村庄治理现代化。形成了初步的村庄治理体系，为村庄治理现代化奠定了良好的基础。塘约村实现了从省级贫困村到小康村的巨变，为我国实施乡村振兴战略提供了可借鉴的经验。

五 江西省实施乡村振兴的做法

（一）分步走、齐发展，共建"五美"乡村

作为农业大省的江西，努力走出一条具有江西特色的乡村振兴之路——新时代"五美"乡村：产业兴旺之美、自然生态之美、文明淳朴之美、共建共享之美、和谐有序之美。① 产业兴旺是乡村振兴的第一要务。在产业兴旺之美方面，加快发展品牌农业、规模农业、工厂农业、智慧农业、绿色农业、创新农业……实施农业综合生产能力提升、产业结构调整、科技兴农等工程。在自然生态之美和文明淳朴之美方面，打造一批"整洁美丽，和谐宜居"绿色生态家园，推动乡村文化振兴，比如临川文化、庐陵文化、赣南客家文化，大力推进文化惠民工程，打造"一乡一品"的农村文化。实施乡村振兴战略最直接、最现实的问题就是群众的利益问题，在共建共享之美方面，加大对农村道路、水利、能源、数字农村建设等方面的投入力度，促进城乡基础设施互联互通、提档升级，提升农村教育、医疗、健康、社保、养老、公共安全等方面的水平。在和谐有序之美方面，强化以农村基层党组织为核心的组织体系建设，开展民主法治示范村建设，创新基层管理和服务体系，共创具有江西特色的乡村善治之路。

（二）强化基础设施建设，巩固生态保护

坚持以人为本，统筹城乡发展，把经济发展、社会发展、环境改善、城镇化建设、新农村建设、人的发展有机结合起来，更加注重转变发展方

---

① 郑荣林、钟金平：《乡村振兴五年规划打造"五美"乡村》，"中国江西网"百家号，2019年5月28日，https：//baijiahao.baidu.com/s？id=1634734273849397275&wfr=spider&for=pc。

式，更加注重改善生产、生活、生态条件，更加注重基本公共服务均等化，更加注重提高贫困地区和扶贫对象自我发展能力，促进全面协调可持续发展，[①] 认真践行"绿水青山就是金山银山"的理念，积极统筹推进生态环保各项工作。加大森林资源保护力度，做好天然林管护、生态公益林管护，巩固保护好退耕还林；开展企业污染源、农业污染源排查，切实加大环境整治和保护力度。推动解决生态功能区内人工商品林处置难、收益难等现实问题，实现社会得绿、林农得利"双赢"。

（三）坚持人力资本力量会聚，强化乡村振兴人才支撑

将人力资本开发放在乡村振兴的重要位置，积极推动乡村人才振兴。采取有效措施吸引各类人才到农村创新创业，江西省实施"一村一名大学生"工程，在培养的 4.7 万名大学生中有 37.1%成为村"两委"干部，42.5%在农村创新创业；实施乡村本土人才培育计划，培养"土专家""田秀才"等有一技之长的农村实用技能人才；不断建全农业技术服务体系，引导农技人员下基层为农民提供生产技术服务，培育新型农业经营主体和职业农民。

六　浙江省实施乡村振兴的做法

浙江是一个资源小省，人均耕地面积仅 0.54 亩，却有着现代农业强省的成就。从浙江的发展实践来看，重点突出了资源环境条件，从城郊、平原、山区等三个方面，着力构建全省高质量推进乡村振兴的典型模式。[②]

（一）城郊型乡村振兴模式

萧山区是浙江省杭州市市辖区，与杭州主城区一江之隔，综合实力居浙江各县（市、区）前列，是全省经济发展的标杆区。萧山区以城乡融合为目标要求，高标准确立乡村振兴的目标定位、标准体系、要素投入、工

---

① 全国人民代表大会农业与农村委员会：《乡村振兴战略实施情况的调查与思考》，"求是网"百家号，2019 年 2 月 1 日，https：//baijiahao.baidu.com/s？id＝1624228770195869178&wfr＝spider&for＝pc。

② 胡豹、谢小梅：《高质量推进乡村振兴的浙江典型模式与路径创新》，《浙江农业学报》2019 年第 3 期。

作成效，推进乡村振兴在全省、全国的领跑示范。坚持以农业供给侧结构性改革为主线，推进农村第一、二、三产业融合，实现城郊型农业产业化、绿色化、优质化、特色化、品牌化。强化城市人才对乡村振兴战略的支撑，加强招才引智，开展农村实用型人才队伍建设，完善新型职业农民培育机制。全面加强乡村治理，按照法治、德治、自治"三治融合"的要求，打造共建共享的善治新格局。推进美丽乡村示范创建，重点以美丽乡村提升村和美丽乡村示范村创建为载体，全力打造"城市栖息地、杭州南花园"，全力打造新时代美丽萧山。萧山区的乡村振兴模式增强城市对乡村的带动能力，推动城村联动发展，使市场在资源配置中起决定性作用，更好发挥政府作用，推动城乡要素自由流动、平等交换，有效实现城乡资源均衡配置，以更快速度、更高水平实现城郊型乡村的全面振兴。以统筹城乡发展为导向，以优化城乡空间布局为目标，统筹考虑城市乡村发展，统筹谋划产业发展、基础设施、公共服务、资源能源、生态环境保护等科学布局，构建城乡协调融合的生产空间、生活空间和生态空间。坚持以人为中心的发展，借助城市人力资源优势，把乡村人力资本开发放在首要位置，建立健全激励机制，增强乡村对城市人才的吸引力、向心力、凝聚力，鼓励城市人才投身乡村振兴建设。

（二）平原型乡村振兴模式

嵊州是浙江省绍兴市所辖县级市，地处浙江中部偏东，既有平原特征，也有山区特色，是全国第一批经济开放县（市）。嵊州借助平原优势，坚持生活、生产、生态"三生"同步，创业、创新、创意"三创"并举，第一、二、三产业"三产"融合，以农业供给侧结构性改革为主线，进一步优化农业主体功能与空间布局。坚持以农产品精深加工为主攻方向，做强茶叶、香榧产业链，拉长粮油、蔬菜、中药材产业链，培育茶叶、花木、香榧等富民产业。支持农业企业打造"产业联盟"，延伸产业链，提升价值链，完善利益链。鼓励创新创业，完善农民就业服务、创业指导、权益保障，实施"闲置农房激活计划"，采取多种形式引导社会各界参与乡村建设，吸引大学生、乡贤乡亲、留学回国人员等人才到嵊州乡村振兴的实践中创新、创业、创富。

通过实施乡村振兴战略，平原地区能够凭借地形开阔、市场广阔、要素集聚等自身优势，在新时代、新形势下，走出一条平原地区布局协调、产业提质、乡村升级的新路子，实现平原振兴。推动美丽农业、美丽经济和农业全产业链发展，不断提高农业创新力、竞争力和全要素生产率，加快农业新旧动能转换，通过第一、二、三产业的相融、相通和乘数效应，拓展农业发展空间，拉长农业产业链，促进农业接"二"连"三"。全面实施大众创业、万众创新战略，建立健全创业就业服务体系，推进创业创新平台建设，促进各类人才到乡村创新创业，加强招才引智，制定鼓励城市专业人才参与平原型乡村振兴的政策。准确把握乡村振兴内涵要求，大胆探索、改革创新，进行积极探索和有益尝试，扎实推进"三农"改革发展，加快筑牢产业发展基础，持续加大强农、惠农、富农政策支持力度，努力推动形成可复制、可推广的经验和模式。

（三）山区型乡村振兴模式

浙江"七山一水两分田"，70%的陆域是山区，山区在乡村振兴全局中举足轻重。山区既是水源涵养区和绿色生态屏障区，也是少数民族聚居区和革命老区。当前，浙江山区是集体经济薄弱和低收入群众比较集中的区域，赶上全省发展步伐的任务仍然十分繁重，既是浙江的短板，又有发展的潜力。加快山区型乡村振兴是事关浙江省乡村全面振兴的一个战略节点。这一模式的核心内涵和要义是通过实施乡村振兴战略，探索一条在新形势下山区绿色发展、生态富民、科学跨越的新路子，使山区成为生态经济繁荣、绿色发展彰显的"宜居、宜业、宜游"的美丽幸福新家园。

这一模式的特征包括以下几点。一是绿色发展。山区最大的特色是绿色，生态优势是山区最突出的优势。山区经济社会的转型发展必须把生态文明建设摆到十分重要的位置，坚持走绿色发展之路，培育绿色经济，发展绿色产业，以绿色为引领推动乡村振兴。二是活化资源。山区要牢固树立"两山"重要理念。按照形成绿水青山、保护绿水青山、守住绿水青山、转化绿水青山、活化绿水青山的思路，把山区的资源优势转化为经济优势和发展优势，走出一条以机制创新活化绿水青山资源的乡村振兴之路。三是山海联动。顺应山区开放开发和陆海联动、山海协作的新趋势，从充分利用发达地区的消费性需求、发挥山区生态资源的综合优势出发，着力推进山区与平原、山区与海岛、山区与城市的合作，走出一条互联互通、互促共进的山区型乡村振兴之路。

第五节　云南对省外的典型经验的借鉴

一　充分尊重农民意愿，调动农民的积极性

农民是脱贫攻坚与乡村振兴的核心及主体，在脱贫攻坚和乡村振兴过程中应该充分尊重农民的主体地位，向农民赋权。例如贵州省安顺市平坝区乐平镇塘约村，村民通过经营农家乐、以土地入股、以技艺创业、合作社内部就业等方式，让自己变成股东。又比如江西省乐安县金竹畲族乡大通村，该村地处山区且有大量留守老人、妇女、儿童，但是拥有得天独厚的乡村旅游发展资源，该村因地制宜大力发展山地养鸡、养鹅等绿色养殖，提高村民收入。深入农村，了解农村居民的愿望，尊重农民的意愿，从农民最迫切的需求着手，不搞强制性推行，从思维方式上给予农民积极的引导，充分调动农民参与脱贫攻坚与乡村振兴的积极性，要在提高农民物质生活水平的同时，培养农民的精神文化，增强农民的自信心和创造性，只有让农民从思想上得到洗礼，才能发挥其主体作用，从而缩小城乡之间的差距，有效推进农业农村的现代化。

二　健全体制机制，强化规划引领

各地各级党委、政府结合本地实际情况，制定推动乡村振兴的具体意见和阶段性规划，成立党政一把手牵头的乡村振兴战略领导小组，将在精准扶贫实践中探索出来的"第一书记"制度继续推行到乡村振兴发展的工作中，充分发挥基层党组织发展意识形态、人才队伍建设以及项目决策的引领作用。针对乡村振兴战略实施和脱贫攻坚中的发展短板，进一步强化相关制度的供给以及产权制度的改革，比如建设用地、宅基地、人才引

进、惠农产业项目发展政策。以精准扶贫为抓手，关注乡村资源收益，扎实推进乡村振兴。

要按照"统筹合理、科学规制"的指导思想，借鉴省外乡村振兴规划的经验，坚持乡村振兴制度框架体系中法制性规制、机制的作用，促进乡村振兴规划与建设的机制化和法定化。各地可根据实际情况制定促进乡村振兴的地方性法规，全面夯实乡村振兴的法治性基础，推动形成城乡融合、区域一体、多规合一的乡村建设规划体系，发挥规划在乡村振兴中的引领作用。

针对云南省乡村呈现收缩和空心化的现实特征，因地制宜加紧全面完成乡村振兴建设的全域规划编制工作。规划理念应从增量型规划逐渐向绿色型规划转型，强化历史文化名村和传统村落的保护与管理。要充分依托乡村自然、传统农耕文化、生态的可持续禀赋优势，大力改善边远山区乡村劳动力长期空心化的现象，构建现代乡村发展要素禀赋的坚实支撑体系，使乡村的可持续发展功能得到再塑。

三 注重财政性政策的激励作用，创新乡村扶持模式

应优化面向乡村振兴发展的财政保障机制，全面助推乡村综合性领域改革。要充分发挥财政资金的激励性引导作用，确保财政投入结构与乡村振兴重点领域相适应。要将涉及村级公益事业的财政奖补资金，与美丽乡村建设、农耕文化保护传承、村级组织运转的资金保障和农业生产专项资金补助等工作相结合。实施乡村振兴战略需与打赢脱贫攻坚战相辅相成，贫困乡村的振兴发展应大胆创新，要鼓励面向贫困乡村扩大财政供给，引导城市及海外工商资本等各类社会资本共同参与贫困乡村振兴。可尝试针对深度贫困地区和偏远乡村制订定向脱贫战略计划，并试点发行面向深度贫困地区和偏远乡村项目融资的专项债券，支持深度贫困与偏远乡村区域公益性项目优先建设。

四 统筹基础设施布局，提升乡村公共服务水平

乡村振兴要始终把公共服务基础设施建设作为重中之重，应优先将学

校、医院、图书馆、广场等公共服务基础设施纳入乡村规划建设，不断改善乡村交通、通信设施及能源供给设施；加大公共财政面向乡村基础设施建设的覆盖力度，推进城市公共服务基础设施建设和社区基础设施建设向乡村延伸，在乡村振兴战略框架下创新构建"城市与农村命运共同体"。在具体的乡村公共供给服务模式方面，建议推广政府和社会资本合作的运作模式（PPP 模式），以提高乡村公共服务基础设施的供给效率。实施乡村振兴规划和建设必须有长效管理，应通过完善乡村社会保障体系举措，解决农民发展遇到的问题，为乡村可持续发展提供保障。

五　推动城乡融合，助推高原特色农业发展

在新型城乡关系时代背景下，协同推进乡村振兴战略实施和精准扶贫工作开展，关注城乡发展要素的交流与增效，注重产业发展的生态效益、社会效益、经济效益，推动第一、二、三产业的城乡融合发展，逐步消减产业衔接壁垒；对乡村旅游、光伏扶贫、设施农业等，充分发挥对口支援主体的专业帮扶作用，做大、做强区域比较优势产业。因地制宜、有序推进乡村振兴的特色农业产业发展。构建乡村振兴与精准扶贫关联协同的多维度框架，推进乡村振兴的"产业兴旺、生态宜居、乡风文明、治理有效、生活富裕"总要求与精准扶贫"发展生产脱贫一批、易地搬迁脱贫一批、生态补偿脱贫一批、发展教育脱贫一批、社会保障兜底一批"对接，构建乡村发展多维行动框架，消减协同风险。找准乡村发展着力点和突破区，明确乡村发展战略，综合文化、物产、环境、产业等内容，进一步引领和融合乡村振兴发展规划与脱贫攻坚工作。因地制宜利用良好区位，通过土地流转促进家庭农场规模经营，大力发展高原特色农业，逐渐探索出龙头带动、村民主动的发展致富之路。

知识链接

解决相对贫困应从多方面下功夫

《中共中央关于坚持和完善中国特色社会主义制度、推进国家治理体

系和治理能力现代化若干重大问题的决定》明确提出，"坚决打赢脱贫攻坚战，巩固脱贫攻坚成果，建立解决相对贫困的长效机制"，这是根据我国发展实际而做出的重要部署。随着"十三五"规划确定的发展目标如期完成，全面建成小康社会目标如期实现，现行标准下农村贫困人口全面脱贫。不过还要看到，虽然我国历史性地解决了绝对贫困的问题，但相对贫困还将存在。因此，必须抓紧研究如何实现巩固拓展脱贫攻坚成果同乡村振兴有效衔接，并从多个方面下功夫，加快建立解决相对贫困的长效机制。

在精准识别上下功夫

绝对贫困主要反映的是基本经济物质的匮乏，相对贫困则更多反映的是收入无法满足除了生存之外的更高层次需要的贫困。要解决相对贫困问题，前提是要针对相对贫困的特点，深入分析、精准识别、对症下药。

贫困是复杂的社会现象。随着打赢脱贫攻坚战，收入维度的绝对贫困基本解决，但解决其他维度的相对贫困的任务还比较重。精准识别相对贫困群众，是精准帮扶的前提条件。首先，要制定标准。有关部门应从我国的具体情况出发，根据收入和支出标准等合理划线，科学构建相对贫困认定标准，确保最大限度地识别相对贫困群众。其次，要动态更新。应借助互联网和信息技术发展，建立相对贫困人口数据库，根据系统大数据分析掌握不同困难群众的贫困情况，采取对应的帮扶措施，并实时动态更新贫困户信息，实现长效管理。

在激发内力上下功夫

解决相对贫困问题是一项综合性工作，既要借助政策机制等外部力量，又要充分激发相对贫困群众的内生动力。

一方面，要重视发挥相对贫困群众的主体作用。脱贫致富终究要靠贫困群众用自己的辛勤劳动来实现。要尊重贫困群众的主体地位和首创精神，坚持扶贫与扶志相结合，深入、细致做好贫困群众的思想工作，帮助其摆脱思想贫困、意识贫困，真正自觉地参与到脱贫致富的实践中，依靠自己的双手开创美好明天。另一方面，要健全内生动力保障机制。应注重相对贫困的多维性、个性化，从扶贫对象的实际情况出发，为不同维度的贫困群众提供相应的指导，并加强信息发布，千方百计激发脱贫对象的积极性、提高帮扶措施的有效性。

在产业融合上下功夫

发展农村产业是解决"三农"问题的重要抓手，也是解决相对贫困问题的重要途径。因此，要在强化高质量的产业支撑、建立和完善多元产业融合发展机制上下功夫。

一是深入推进农村第一、二、三产业融合发展。要充分依托当地特有的资源优势、区位优势等客观条件，以市场需求为导向，大力发展特色种养业、农村服务业、康养产业等。充分挖掘农村生态休闲、观光旅游、文化价值等方面的功能，打造集观光体验、休闲娱乐、康体健身、科普教育、农业文化展示、农产品展销、餐饮住宿功能于一体的生态农业休闲园区，发挥产业集聚优势，满足消费群体休闲、养生等不同层面的需求，从而促进当地贫困群众增收，进一步解决相对贫困问题。二是大力提高农产品附加值。通过开展多种形式的创意设计，提高农业产品的知名度，延长农业产品产业链，实现种植、生产、加工、销售一体化，打造区域特色农产品知名品牌。

在有效衔接上下功夫

脱贫摘帽不是终点，而是新生活、新奋斗的起点。乡村振兴战略是一个系统性工程，能够促进农村经济、文化、社会、生态的全面发展和整体提升。党的十九届五中全会审议通过的《中共中央关于制定国民经济和社会发展第十四个五年规划和二〇三五年远景目标的建议》提出"实现巩固拓展脱贫攻坚成果同乡村振兴有效衔接"，并做出一系列部署。今后一个时期，要针对主要矛盾的变化，厘清工作思路，推动减贫战略和工作体系平稳转型，做好工作力度、工作队伍等各方面的衔接，在建立农村低收入人口和欠发达地区帮扶机制、健全农村社会保障和救助制度、健全防止返贫监测和帮扶机制等方面加大工作力度，将解决相对贫困问题纳入乡村振兴战略，进行统筹安排。

案例链接 1

曲靖"十力"决战脱贫攻坚

2019 年 4 月 19 日中共中央政治局召开会议，对打好脱贫攻坚战提出要求，就是必须确保如期全面打赢脱贫攻坚战。近年来，曲靖市委、市政府坚持以脱贫攻坚统揽经济社会发展全局，举全市之力贯彻执行精准扶贫精准脱贫基本方略，2019年1月，全市未脱贫建档立卡贫困人口已经从2014年的90.19万人下降到26.61万人，贫困发生率从14.76%下降到5.07%。最近，省委党校课题组就曲靖市用"十力"决战脱贫攻坚进行了专题调研。

一、抓组织领导上的定力

把脱贫攻坚作为曲靖市压倒一切的工作来抓，作为重大政治任务和第一民生工程来推进。市委常委会专题研究打好精准脱贫攻坚战的超常规举措，对脱贫攻坚工作进行全面安排部署，进行任务分解和责任落实，充分表明市委、市政府举全市之力打好脱贫攻坚战的定力。

二、抓指挥体系上的合力

在脱贫攻坚的指挥上，曲靖市形成了"一盘棋"工作格局，把内力与外力凝聚成合力。从市内的角度，市委、市政府进一步明确打好产业扶贫、素质提升转移就业、易地扶贫搬迁、农村危房改造、生态扶贫、教育扶贫、健康扶贫、兜底保障、贫困村"组组通"、贫困村脱贫振兴"十大攻坚战"，调整充实了市扶贫开发领导小组，分别成立10个攻坚工作领导小组，明确职责任务，主抓工作推进。进一步明确市、县、乡党委专职副书记和政府分管领导主抓脱贫攻坚，在指挥体系上形成合力。从外援的角度，充分用好2个中央单位、25个省属单位挂包联系曲靖的外力。近年来，每年力争投入各类扶贫资金160亿元以上，为曲靖脱贫攻坚提供硬性支撑。其中，每年争取中央和省级财政专项扶贫资金10亿元以上。加强统筹整合，每年整合涉农资金及其他项目资金80亿元以上。加强金融扶贫，每年力争投入各类金融扶贫资金50亿元以上。积极筹集社会帮扶资金4亿元以上。

三、抓扶贫部门的内力

集中全市精兵强将攻坚克难。过去，曲靖扶贫部门力量一直薄弱，最少的县仅有5名干部。为解决这一问题，曲靖市委、市政府抽调精兵强将，配齐、配强市县扶贫办主任，从市直单位优秀年轻处级干部中抽调3名副处级领导干部到市扶贫办挂职任党组成员、副主任，并直接分管相关科室，市扶贫办领导班子成员形成了1正6副的格局。从市直单位优秀副处级后备干部中抽调 15 名正科级干部，到市脱贫攻坚指挥部挂职任相关科室长，市脱贫攻坚指挥部人员由 27 名增加至 45 名，人员增幅达 67%。曲靖市 9 个县（市、区）共选派 12 名优秀科级干部到扶贫部门挂职，县（市、区）扶贫办领导班子成员达 58 名。会泽县、宣威市、罗平县、师宗县、富源县 5 个贫困县扶贫办干部职工平均增至 28 名；曲靖市 9 个县（市、区）扶贫干部达 229 名，迅速打造了一支政治过硬、业务精良、能打胜仗的干部队伍，既破解了扶贫战线人少事多的难题，又增强了扶贫部门的内力。

四、抓创新制度的活力

坚持问题导向，进一步完善脱贫攻坚政策体系。近年来，曲靖市委、市政府先后出台了《关于进一步采取超常规举措打好精准脱贫攻坚战的实施意见》《关于坚决打赢以会泽宣威为主的深度贫困地区脱贫攻坚战的实施意见》《关于开展"不忘初心促攻坚、三包一帮助脱贫"先锋行动的通知》等 10 个支撑性配套文件，坚持在脱贫攻坚一线培养、识别、选拔、使用干部，大胆选拔、使用有思路、有激情、有办法、有成效的干部，对于做出突出贡献的干部，按程序报批后可破格提拔。对于工作实绩突出、成效明显的挂职干部、驻村扶贫工作队队员，在表彰奖励、推荐后备干部时优先考虑，特别优秀的可就地提拔转任实职。这些措施，激发了曲靖干部群众打赢脱贫攻坚战的活力。

五、抓压实责任的压力

实行精准扶贫承包责任制，层层压实责任。在全市开展"不忘初心促攻坚、三包一帮助脱贫"先锋行动，建立"市领导包县、县领导包乡、乡干部包村、党员干部帮扶到人"的"三包一帮"责任体系。市委常委及其他市级领导承包县，对所承包县精准脱贫工作负总责，定期听取工作汇报，蹲点"解剖麻雀"，帮助解决实际困难，督促问题整改落实。县（市、区）委常委及其他县级领导承包贫困乡，对所承包贫困乡出列负总责，驻扎到承包乡镇，一村一寨走访和解决问题，开展贫情分析，找准存在问题，落实工作举措。乡镇、街道领导干部和各级承包单位主要负责人承包贫困村，对所承包贫困村出列负总责，一村一户制定脱贫计划和帮扶措施，真正做到沉下身子、住在村子、找准脱贫路子。驻村扶贫工作队员和帮扶干部帮扶到户、到人，对结对帮扶贫困户脱贫负总责，按照"不落一村、不落一人"的要求，一户一户制定脱贫计划和帮扶措施，落实相关政策，全面形成"干部围着脱贫转、党员带着群众干、群众不等不靠往前赶"的强大攻坚合力。

六、抓产业扶贫的潜力

把产业扶贫作为打赢精准脱贫攻坚战的关键之举、治本之策、长远之道。曲靖市立足实际，通过聚焦"绿色食品牌"，发展壮大扶贫主导产业；紧盯新型农业经营主体，强化利益联结；配合"三联"（平台联建、资源联合、利益联结）建设，稳步扎实推进"双绑"（将贫困户纳入合作社绑定发展、引导龙头企业与合作社绑定发展）工作；优化产业服务，不断提升产业扶贫质量。截至 2019 年 6 月 15 日，曲靖市共投入产业扶贫资金 11.4 亿元，产业扶贫资金投入占全市扶贫资金投入总额的 37.7%；产业覆盖有发展条件的建档立卡贫困户 17.83 万户 61.82 万人；3431 个新型经营主体通过与农户间建立利益联结机制，带动有产业发展条件的建档立卡贫困户 24.98 万户 54.3 万人，占建档立卡贫困总人口的 87.5%。产业扶贫激发了曲靖决战脱贫攻坚的潜力。

七、抓易地搬迁的活力

为切实改善山区群众生产生活条件，近年来，曲靖市委、市政府围绕纳入国家规划搬迁建档立卡贫困人口 156823 人，以易地扶贫搬迁为抓手，整合农村危房改造、生态移民、新型城镇化和乡村振兴等多种资源，坚持"挪穷窝"与"换穷业"并举，坚守搬迁对象精准"界线"、住房面积"标线"、搬迁不举债"底线"和项目规范管理"红线"，盯紧人、房、钱、地、业等关键环节，聚焦搬迁入住、拆旧复垦、后续帮扶等薄弱环节，进一步压实县级主体责任，落实安置点"双点长"、按月调度、挂图作战、督导指导等措施，在保障工程质量和安全的前提下，抓重点、补短板、强弱项，加快完善 2018 年任务中未竣工安置点道路等配套基础设施建设，同步推进分房方案、后续管护、感恩教育等工作，促进搬迁群众及时入住。进一步加大统筹协调力度，保障 2019 年易地扶贫搬迁项目建设要素供给，千方百计加快工程进度，确保 2019 年 12 月底前全面建成，2020 年春节前全部搬迁入住。易地搬迁为贫困农户的自我发展注入了活力。

八、抓教育扶贫的能力

把教育扶贫作为增强贫困群众自主脱贫力量的关键，着力扶智、拔除"穷根"。曲靖市全面落实建档立卡贫困家庭学生精准资助政策，精准兑现、全面覆盖建档立卡贫困家庭学生，确保不因贫辍学。2019 年春季学期，曲靖市义务教育阶段公用经费补助学生 81.67 万人，共计 2.5 亿元；81.67 万名义务教育阶段学生享受免费教科书；40.29 万名学生在义务教育阶段享受家庭经济困难寄宿生生活费补助 2.32 亿元；营养改善计划，惠及 77.02 万名学生，补助 2.54 亿元。资助学前教育 42000 人次 1260 万元，其中建档立卡贫困户 17561 人次 294.91 万元；资助普通高中建档立卡贫困户 15426 人次 4602.40 万元；中等职业学校 70098 名学生免学费共补助 7009.80 万元，30416 名中职学生共领取国家助学金 3041.60 万元，其中建档立卡贫困户 5492 人。建档立卡贫困户享受免学费补助及国家助学金 1098.40 万元。通过加快教育扶贫的制度设计，构建定位精准化、主体多元化的教育扶贫机制，曲靖市贫困人口的自主脱贫和发展能力不断提高。

九、抓健康扶贫的接力

从健康扶贫入手，阻止因病致贫、因病返贫。一是集中开展"家庭医生签约服务周"活动。曲靖市将每年春节收假后第一个星期、国庆节收假后第一个星期确定为"家庭医生签约服务周"。目前，全市 1926 个家庭医生签约服务团队 7313 名基层医务人员开展体检、随访、健康教育等服务，活动覆盖全市 133 个乡（镇、街道）1440 个行政村，共计随访、服务 169345 户 540015 人。二是深化沪滇健康扶贫协作。受援的 5 家乡镇卫生院、社区卫生服务中心，每家派出 3 名基层卫生专业技术人员，全市共 15 名专业技术人员赴上海进修临床技术，进修时间为半年。在援滇专家手把手的示范指导下，曲靖市更多的老百姓享受到了上海专家的医疗服务。健康扶贫让曲靖的贫困户实现了健康的接力。

十、抓生态扶贫的发展力

充分发挥生态保护在精准扶贫、精准脱贫中的促进保障作用。曲靖市通过实施森林管护扶贫、退耕还林扶贫、陡坡地生态治理扶贫、生态效益补偿扶贫、林业产业扶贫、农村能源建设扶贫、林下经济扶贫、林业科技扶贫等八大工程，2016 年至 2018 年累计实施退耕还林还草 36.05 万亩，累计选聘生态护林员 8787 人，带动贫困户 4.87 万户脱贫。曲靖市继续实施生态扶贫工程，将实施退耕还林还草 10 万亩（含陡坡地生态治理），选聘生态护林员 5250 人，发展林下经济 1 万亩，带动 1.5 万名贫困人口增收脱贫。这些措施，充分彰显了曲靖市生态扶贫的发展力。

案例链接 2

云南沿边地区脱贫攻坚的实践经验

云南沿边地区牢牢把握"两不愁三保障"的基本目标，按照"五个一批"的总体要求，把脱贫攻坚与兴边富民、民族团结、乡村振兴等战略有机结合，综合施策，形成政策叠加、制度集成、多方协同、组织严密、相互监督、精准发力的沿边脱贫攻坚新模式。

"八个结合"的基本经验

精准扶贫与全面脱贫相结合。沿边地区贫困面广、贫困程度深，尤其是"直过民族"和人口较少民族聚居区，更是深度贫困人口最为集中的地区。因此，沿边地区在集中财力、人力和物力瞄准建档立卡户打好精准扶贫攻坚战的同时，注重从地区实际出发，坚持整体推进、共同发展，在项目、资金、政策等方面，又覆盖到具有发展意愿的非建档立卡户，增强区域发展的整体实力和可持续发展能力。

党政主责与多方协同相结合。沿边地区脱贫攻坚实践经验中最深刻的启示就是党的领导的政治优势和社会主义举国体制的制度优势成为沿边各族群众脱贫致富的根本保证。形成从中央、省（市）、县（市）、乡（镇）到村（社区）的纵向到底、横向到边的扶贫体制机制。五级书记一起抓，党政干部齐上阵，社会各方同伸手，绘就了沿边贫困地区和群众的崭新生活。沿边各级党委、政府严格落实"中央统筹、省负总责、市县抓落实"的工作机制、"党政一把手负总责"的责任机制、"领导挂点、部门包村、干部帮户"的定点挂钩帮扶机制，通过专项扶贫、行业扶贫、社会扶贫、定点扶贫、东西部扶贫协作、"万企帮万村"等各项扶贫政策，汇聚协同攻坚的强大社会合力。

物质扶持与精神激励相结合。在沿边地区脱贫攻坚中，始终坚持"富脑袋"和"富口袋"同步推进，既着力解决脱贫攻坚的现实困难和突出问题，又着眼未来长远发展，不断增强贫困群众的自我发展能力和内生动力。一是"增智赋能"强能力。沿边地区是"直过民族"和人口较少民族主要聚居区，物质和精神双重贫困，需要行超常之举、花超常之力。二是"感恩奋进"增动力。沿边各县深入开展"自强、诚信、感恩""党的光辉照边疆""扎根边疆、心向中央"等主题实践教育活动，促进贫困群众自强自立、爱党爱国、感恩奋进。

制度创新与监督落实相结合。沿边地区脱贫攻坚经验中的最大亮点就是各地结合扶贫实际，大胆进行制度创新，并通过组织机制和监督考核机制，确保落实到位，并贯穿在脱贫攻坚的各领域、各环节、各方面。在沿边脱贫攻坚制度设计中，各县（市）在严格将脱贫攻坚实施方案与"十三五"规划同部署同推进的同时，与改善沿边群众生产生活条件三年行动计划、"十县百乡千村万户示范创建工程"三年行动计划、兴边富民规划、守土固边工程规划等单项规划有机衔接、统筹推进。

政策宣传与示范引领相结合。沿边地区不仅做好脱贫攻坚这篇"大文章"，更是以多种形式讲好脱贫攻坚的"好故事"。通过报刊、电视、广播、网络等多种媒体加强宣传和动员，让贫困地区群众了解党的大政方针和各项扶贫政策，感知发生在身边的脱贫致富的先进事迹和典型人物，激发沿边群众爱国守边、建设美好家园、创造美好生活的热情和力量。

脱贫攻坚与兴边固边相结合。沿边地区脱贫攻坚始终坚持将富边兴边与稳边固边相结合，不仅增强边民获得感、幸福感、安全感，而且激发其守土固边的自豪感和成就感。在沿边扶贫实践中，各地将脱贫攻坚政策措施与兴边富民规划、守土固边工程规划、沿边三年行动计划等各项规划有机衔接，充分发挥政策叠加效应，沿边地区的生产生活条件大为改善。

精准脱贫与返贫防控相结合。在扶贫实践中，各地主要从三个方面加强返贫防控：一是强化统筹安排，把深度贫困地区作为实施乡村振兴战略的优先对象，用乡村振兴的措施巩固脱贫成果；二是加强产业扶贫、就业扶贫和健康扶贫，从源头上筑牢致贫返贫防线；三是加强返贫风险监测和评估。金平苗族瑶族傣族自治县探索建立农村劳动力转移就业"一金四保"工作机制，实施"顶梁柱"健康扶贫公益保险。

多措并举与因地制宜相结合。在脱贫攻坚实践中，各地根据当地实际，因地因族因户因人施策，打出"组合拳"，唱响"民族风"。通过将脱贫攻坚与民族团结进步示范区创建有机结合，与兴边富民、守土固边、美丽乡村建设、特色村寨建设等工程统筹推进，发挥沿边生态、文化、旅游、政策资源的比较优势，多措并举，创新方式，既做足"边"的文章，又突出多元民族文化的特征。

"六个坚持"的特殊经验

坚持政治稳边，党建脱贫"双推进"。沿边脱贫攻坚始终坚持以党建为引领，加强基层党组织阵地建设，不断增强党的战斗力、组织力、影响力，使基层党组织成为带领沿边地区各族群众脱贫致富和跨越式发展的坚强的领导核心和战斗堡垒。通过加强和创新基层党建，沿边各族干部群众不断凝聚共识、激发动力、感恩奋进、合力攻坚。脱贫攻坚不仅使村集体经济不断发展壮大，而且促进干部作风根本转变，党群、干群关系更加和谐紧密。

坚持产业富边，增强"造血"机能。沿边地区坚持扶产业就是扶根本的理念，深挖当地资源，提高组织化、专业化、规模化水平，发展多种形式的特色化产业，创新产业扶贫利益联结机制，确保贫困群众持续稳定增收。金平苗族瑶族傣族自治县通过出台鼓励新型经营主体带动贫困户精准脱贫奖补办法，以"企业+合作社+产业+贫困户""合作社+基地+社员+建档立卡贫困户"等模式，组建培育451个新型经营主体参与带动贫困群众脱贫致富，各类种植养殖业及新型经营主体共覆盖贫困户26536户114237人，实现产业扶贫项目对所有具备产业发展条件和意愿贫困户的全覆盖。

坚持边贸活边，实现内外联动。沿边地区的优势在开放，出路也在开放。沿边地区各级党委、政府统筹推进脱贫攻坚与兴边富民、守土固边、第二轮沿边三年行动计划、"口岸城市"、沿边小康村建设等政策规划，加快推进边境沿线地区道路交通、住房保障、基础设施建设，推进产业发展、边贸互市、跨境合作，沿边地区对外开放的整体环境逐步优化，开放程度不断加深，开放水平不断提升。沿边地区贫困群众在享受国家扶贫政策、边民补贴、护边巡边公益岗位收入基础上，通过边贸互市增加额外收入，边民生活水平逐步提高。

坚持绿色美边，扮靓文明边关。沿边地区集中了许多生态功能区和自然保护区，也是少数民族贫困人口最为集中的地区。沿边各地通过加大生态补偿脱贫力度，推动绿色发展与生态脱贫良性互动。同时，结合"厕所革命"、"美丽乡村"建设、"百村示范千村整治"工程，不断改善人居环境，革除生产生活陋习。

坚持文化固边，筑牢安全意识。沿边地区充分挖掘优秀传统少数民族文化资源，既做好文化保护和传承，又大力加强文化宣传和文化产业发展，使贫困群众在发展中不断增强文化自信心和自豪感。沿边地区在开展脱贫攻坚过程中，不仅通过边贸互市、跨境经济合作惠及边境两侧的居民，而且在跨境婚姻、跨境学童、跨国就业、文化交流和打击跨境犯罪等方面，不断加强沟通合作。

坚持治理强边，推动共建共治。沿边地区坚持脱贫攻坚与民族宗教、边境治理、乡村治理有机结合，不断促进民族团结、边疆繁荣、边境安宁。麻栗坡县推行党政军警民"五位一体"边境社会治理"董干模式"；积极推广"天保经验"，将"扶贫不扶懒""破除等靠要""严禁滥办酒席风"及党恩教育、"穷则思变、富而思源"的理念等写入村规民约，激活贫困群众脱贫致富的原动力。

沿边地区巩固脱贫攻坚成果的探索

实施特色保险，帮扶边民防返贫。一是实施边民人身意外伤害保险项目。麻栗坡县和勐海县为地处国门沿边行政村群众购买人身意外伤害保险。二是实施综合保险项目。勐海县为人口较少民族布朗族聚居的 28 个行政村的所有人口和所有农户分别购买人身意外伤害保险和农房保险。三是实施外籍人员保险项目。勐海县为贫困户家庭中的外籍人员购买商业医疗保险。

采用多种模式，动态监测早预警。一是"三位一体"模式。金平苗族瑶族傣族自治县通过挂联干部帮购综合保险、民政兜底（救助）政策、每个乡（镇）不低于 50 万元救助基金的方式，构建"保险+政策+基金"的防返贫机制。二是"县级统筹+动态管理+分类帮扶"模式。勐海县通过县级统筹资金、分类施策，做到 2018 年、2019 年无返贫户。三是"预警+基金"模式。麻栗坡县对脱贫户和边缘户实施跟踪观测，做到第一时间发出预警，县级财政则设立包括 300 万元预算资金及社会捐赠资金的返贫防控应急基金。

发展边贸产业,实现搬迁稳得住。各沿边县(市)利用沿边地理优势,因地制宜加强脱贫"头号工程"易地搬迁的后续扶持。金平苗族瑶族傣族自治县金水河镇在边贸特色小镇的建设中发展以边民互市、物流加工、对外贸易为重点的边贸特色产业,增加搬迁户就业岗位,通过后续产业带动安置区经济社会发展,将搬迁安置区建设成省抵边村庄建设示范区、省美丽乡村建设示范区、省边民与互市贸易发展示范区。

建设兴边项目,确保脱贫"成色足"。在第二轮兴边富民三年行动计划中,沿边县(市)开展了一系列项目建设,巩固提升脱贫攻坚成果。全省30个抵边小城镇、18个抵边小集镇、373个抵边行政村、19个边境农场的基础设施、公共服务、特色产业得到巩固提升。沧源佤族自治县重点推进17个乡村旅游示范村、3个沿边旅游村寨、13个沿边旅游景区、2条沿边旅游线路等项目规划建设。麻栗坡县实施了沿边特色城镇、基础设施、稳边固边等建设工程;勐海县完成打洛口岸多彩边境旅游、民族团结进步示范村以及布朗山布朗族乡、打洛镇等4个边境乡(镇)道路硬化、电网改造提升、饮水安全巩固工程。

坚持扶贫扶志,激发动力可持续。坚持"富口袋"和"富脑袋"齐头并进,使脱贫户以思想"脱贫"稳生活脱贫。麻栗坡县将"扎根边疆、心向中央,升国旗、唱国歌、感恩祖国"主题活动与边疆党建"红旗飘飘"工程结合起来,巩固边疆党建促扶贫建设成果,规范推广村规民约"天保模式";勐海县实施"直过民族"素质提升工程,深入开展"扶贫扶志行动",持续加大对贫困群众特别是"直过民族"群众生产技术培训力度。

第三章

云南巩固拓展脱贫攻坚成果与乡村振兴
有效衔接：成就与事实

第一节 云南脱贫攻坚与乡村振兴的政策措施

一 云南脱贫攻坚的政策措施

云南省作为全国贫困面较大、贫困程度较深的全国脱贫攻坚主战场之一，积极响应中央政策，认真贯彻落实中央关于脱贫攻坚的各项决策部署，先后出台了多项政策，明确了省级、各州市县各级工作责任，形成了一整套较为完善的政策体系和体制机制。截至我国脱贫攻坚全面取胜，云南省共出台了关于脱贫攻坚的 53 个文件，从最初的"两不愁三保障"政策到云南省全部县份退出贫困县的通知，这些文件明确了合力攻坚的主攻方向和重点任务措施，有力保障了贫困地区基础设施建设，有效推动了扶贫资金、人力等扶贫投入要素的高效使用，有力完善了贫困人口、贫困村、贫困县的考核、激励、约束、退出等机制，全力推动了产业发展、转移就业、易地安居、教育扶贫、健康扶贫、生态保护、兜底保障、社会扶贫和提升贫困地区区域发展能力等扶贫开发项目的建设，确保了云南省脱贫攻坚的胜利（见表3-1）。

表 3-1　云南脱贫攻坚政策措施

序号	颁布时间	文件名称
1	2015 年 8 月	《云南省人民政府关于进一步做好新形势下就业创业工作的实施意见》
2	2015 年 11 月	《云南省人民政府办公厅关于印发云南省贫困地区儿童发展规划实施方案（2015—2020 年）的通知》
3	2015 年 12 月	《云南省人民政府关于加快推进残疾人小康进程的实施意见》
4	2016 年 1 月	《云南省人民政府关于深化收入分配制度改革的实施意见》
5	2016 年 4 月	《云南省人民政府办公厅关于加快推广农田水利改革试点经验的通知》
6	2016 年 5 月	《云南省人民政府办公厅关于印发云南省"十三五"农村电网建设攻坚工程实施方案的通知》
7	2016 年 7 月	《云南省人民政府办公厅关于促进农村电子商务加快发展的实施意见》
8	2016 年 7 月	《云南省人民政府关于加强农村留守儿童关爱保护工作的实施意见》
9	2016 年 8 月	《云南省人民政府关于进一步健全特困人员救助供养制度的实施意见》
10	2016 年 9 月	《云南省人民政府办公厅关于推进财政支农资金形成资产股权量化改革的意见》
11	2016 年 10 月	《云南省人民政府办公厅关于推进农村一二三产业融合发展的实施意见》
12	2016 年 11 月	《云南省人民政府办公厅关于加快推进广播电视村村通向户户通升级工作的实施意见》
13	2016 年 11 月	《云南省人民政府办公厅转发省民政厅等部门关于做好农村最低生活保障制度与扶贫开发政策有效衔接实施意见的通知》
14	2016 年 11 月	《云南省人民政府办公厅关于深入推行科技特派员制度的实施意见》
15	2017 年 1 月	《云南省人民政府办公厅关于加快乡村旅游扶贫开发的意见》
16	2017 年 1 月	《云南省人民政府办公厅关于健全生态保护补偿机制的实施意见》
17	2017 年 1 月	《云南省人民政府关于印发云南省"十三五"加快残疾人小康进程规划纲要的通知》
18	2017 年 1 月	《云南省人民政府关于实施支持农业转移人口市民化若干财政政策的通知》
19	2017 年 4 月	《云南省人民政府办公厅关于印发云南省高原特色农业现代化建设总体规划（2016—2020 年）的通知》
20	2017 年 4 月	《云南省人民政府关于加快特色小镇发展的意见》
21	2017 年 5 月	《云南省人民政府关于印发云南省激发重点群体活力推动城乡居民持续增收实施方案的通知》
22	2017 年 6 月	《云南省人民政府办公厅关于完善支持政策促进农民持续增收的实施意见》

续表

序号	颁布时间	文件名称
23	2017 年 8 月	《云南省人民政府关于印发云南省脱贫攻坚规划（2016—2020 年）的通知》
24	2017 年 9 月	《云南省人民政府办公厅关于印发云南省健康扶贫 30 条措施的通知》
25	2017 年 10 月	《云南省人民政府办公厅关于促进县域创新驱动发展的实施意见》
26	2017 年 10 月	《云南省人民政府关于进一步做好当前和今后一段时期就业创业工作的实施意见》
27	2017 年 12 月	《云南省人民政府办公厅关于进一步加强控辍保学提高义务教育巩固水平的通知》
28	2018 年 1 月	《云南省人民政府办公厅关于加快推进产业扶贫的指导意见》
29	2018 年 2 月	《云南省人民政府办公厅关于加快推进农业供给侧结构性改革大力发展粮食产业经济的实施意见》
30	2018 年 2 月	《云南省人民政府关于加快推进"四好农村路"建设的实施意见》
31	2018 年 4 月	《云南省人民政府办公厅关于印发云南省国民营养计划（2018—2030 年）的通知》
32	2018 年 7 月	《云南省人民政府办公厅关于推进非 4 类重点对象农村危房改造的指导意见》
33	2018 年 8 月	《云南省人民政府办公厅关于促进全域旅游发展的实施意见》
34	2018 年 9 月	《云南省人民政府办公厅关于印发云南省深入实施兴边富民工程改善沿边群众生产生活条件三年行动计划（2018—2020 年）的通知》
35	2018 年 10 月	《云南省人民政府办公厅关于加强扶贫项目资金绩效管理工作的通知》
36	2018 年 10 月	《云南省人民政府关于加快推进全省特色小镇创建工作的指导意见》
37	2019 年 1 月	《云南省人民政府办公厅关于改革完善被征地农民基本养老保障的指导意见》
38	2019 年 1 月	《云南省人民政府关于保持经济平稳健康发展 22 条措施的意见》
39	2019 年 4 月	《云南省人民政府办公厅关于印发云南省实施"补短板、增动力"省级重点前期项目行动计划（2019—2023 年）的通知》
40	2019 年 4 月	《云南省人民政府办公厅关于进一步完善农村最低生活保障制度的意见》
41	2019 年 6 月	《云南省人民政府办公厅关于印发云南省开展消费扶贫助力打赢脱贫攻坚战实施方案的通知》
42	2019 年 8 月	《云南省人民政府办公厅关于印发云南省职业技能提升行动实施方案（2019—2021 年）的通知》
43	2019 年 8 月	《云南省人民政府办公厅关于印发云南省关于完善促进消费体制机制进一步激发居民消费潜力实施方案的通知》

续表

序号	颁布时间	文件名称
44	2019 年 12 月	《云南省人民政府办公厅关于印发"数字云南"信息通信基础设施建设三年行动计划（2019—2021 年）的通知》
45	2020 年 2 月	《云南省人民政府关于应对新冠肺炎疫情稳定经济运行 22 条措施的意见》
46	2020 年 5 月	《关于全面提高农村基层干部群众综合素质增强农村发展动力和发展能力的意见》
47	2020 年 5 月	《云南省人民政府关于批准昭阳区等 31 个县市区退出贫困县的通知》
48	2020 年 6 月	《云南省人民政府办公厅关于全面推进基层政务公开标准化规范化工作的实施意见》
49	2020 年 6 月	《云南省人民政府办公厅关于应对新冠肺炎疫情影响进一步做好稳就业工作的若干意见》
50	2020 年 7 月	《云南省人民政府办公厅关于印发云南省 2020—2022 年糖料甘蔗良种良法技术推广补贴实施方案的通知》
51	2020 年 11 月	《云南省人民政府关于批准镇雄等 9 个县市退出贫困县的通知》
52	2021 年 1 月	《云南省人民政府关于促进经济平稳健康发展 22 条措施的意见》
53	2021 年 2 月	《云南省人民政府关于印发云南省国民经济和社会发展第十四个五年规划和二〇三五年远景目标纲要的通知》

二 云南实施乡村振兴战略的政策措施

2017 年 10 月，习近平总书记在党的十九大报告中提出实施乡村振兴的战略构想。云南坚决贯彻落实以习近平同志为核心的党中央关于乡村振兴的决策部署，立足生物与资源的多样化优势，紧扣高原特色现代农业和乡村全面振兴的方向，围绕"产业兴旺、生态宜居、乡风文明、治理有效、生活富裕"的总要求，出台一系列促进农业农村现代化和乡村振兴的政策文件，以《云南省乡村振兴战略规划（2018—2022 年）》为顶层设计纲领，截至 2021 年 2 月，云南省共出台了关于乡村振兴的 27 个文件，分别从乡村的产业振兴、生态振兴、组织振兴、文化振兴、人才振兴等五大方面提出了乡村振兴的具体方案（见表 3-2）。以各州市乡村振兴战略

规划为具体支撑，以"一村一策"为具体实施机制，以"一县一业"和
"一村一品"为打造世界一流"绿色食品牌"和乡村全面振兴的重要抓手，
以各专业领域战略规划、实施意见和行动方案融合协同为推进乡村人才、
组织、生态、文化和产业全面振兴的体制机制和政策体系，乡村振兴、产
业先行，加快发展现代农业，推进产业绿色发展，全力打造世界一流"绿
色食品牌"，打造农业产业链，推动云南省茶叶、花卉、水果、蔬菜、生
猪、肉牛等重点产业生产技术达到国内一流水平。同时注重乡村美丽建
设，开展农村人居环境治理，持续完善农村人居环境基础设施、推进农村
"厕所革命"、加快推进农村生活污水治理、提升农村生活垃圾治理水平、
整体提升村容村貌，逐步构建起了"大产业+新主体+新平台"的云南农业
农村现代化和乡村全面振兴的复合平台体系。

表 3-2　云南乡村振兴政策措施

序号	时间	文件名称
1	2014 年 7 月	《关于推进美丽乡村建设的若干意见》
2	2016 年 10 月	《云南省人民政府办公厅关于推进农村一二三产业融合发展的实施意见》
3	2017 年 10 月	《云南省人民政府办公厅关于推进现代农业产业园建设的指导意见》
4	2018 年 5 月	《中共云南省委、云南省人民政府关于贯彻乡村振兴战略的实施意见》
5	2018 年 5 月	《云南省农村人居环境整治三年行动实施方案（2018—2020 年）》
6	2018 年 7 月	《云南省人民政府关于印发云南省"厕所革命"三年行动计划（2018—2020 年）的通知》
7	2018 年 8 月	《中共云南省委、云南省人民政府关于开展质量提升行动的实施意见》
8	2018 年 8 月	《云南省高级人民法院关于为乡村振兴战略提供司法服务和保障的意见》
9	2018 年 8 月	《云南省人民政府办公厅关于积极推进供应链创新与应用的实施意见》
10	2019 年 2 月	《云南省乡村振兴战略规划（2018—2022 年）》
11	2019 年 4 月	《云南省人民政府关于创建"一县一业"示范县加快打造世界一流"绿色食品牌"的指导意见》
12	2019 年 6 月	《云南省特色农产品质量提升行动方案》
13	2019 年 7 月	《云南省人民政府办公厅关于印发特色农产品等 9 个领域质量提升行动方案的通知》
14	2019 年 9 月	《云南省人民政府办公厅关于印发云南省扎实推进"厕所革命"工作实施方案的通知》

续表

序号	时间	文件名称
15	2019 年 11 月	《云南省人民政府办公厅关于印发云南省美丽乡村评定工作方案的通知》
16	2019 年 12 月	《云南省人民政府办公厅关于印发"数字云南"信息通信基础设施建设三年行动计划（2019—2021 年）的通知》
17	2019 年 12 月	《数字农业云南省农业大数据中心建设实施方案（2020—2022 年）》
18	2020 年 5 月	《云南省人民政府办公厅关于加强传统村落保护发展的指导意见》
19	2020 年 6 月	《云南省人民政府办公厅关于印发云南省 2020 年开拓农村市场促进农村消费行动方案的通知》
20	2020 年 6 月	《云南省人民政府办公厅关于印发云南省推进农村电子商务提质增效促进农产品上行三年行动方案（2020—2022 年）的通知》
21	2020 年 7 月	《云南省人民政府办公厅关于印发云南省深化农村公路管理养护体制改革实施方案的通知》
22	2020 年 8 月	《云南省人民政府办公厅关于印发云南省推进爱国卫生"7 个专项行动"方案的通知》
23	2020 年 8 月	《云南省人民政府关于印发产业发展"双百"工程实施方案的通知》
24	2020 年 11 月	《云南省人民政府关于实施"三线一单"生态环境分区管控的意见》
25	2020 年 11 月	《云南省人民政府办公厅关于印发云南省加快食用菌产业发展的指导意见的通知》
26	2021 年 1 月	《云南省人民政府关于促进经济平稳健康发展 22 条措施的意见》
27	2021 年 2 月	《云南省人民政府关于印发云南省国民经济和社会发展第十四个五年规划和二〇三五年远景目标纲要的通知》

第二节　云南巩固拓展脱贫攻坚成果与乡村振兴取得的成效

云南省乡村振兴围绕"产业兴旺、生态宜居、乡风文明、治理有效、生活富裕"总要求，启动了系列重大工程、重大计划和重大行动，乡村振兴实现了良好开局，"三农"发展形势持续向好。

一　脱贫攻坚全面取胜，乡村振兴开创新局面

乡村振兴，脱贫攻坚是前提。云南持续深入推进打赢精准脱贫攻坚战三年行动，聚焦深度贫困地区，扎实推进脱贫行动"十大攻坚战"，走云南特色减贫之路，为全国的脱贫攻坚战和 2020 年全部脱贫摘帽做出了应有和突出的贡献。历史、自然等多个方面的原因导致云南贫困面广、贫困程度深，脱贫攻坚难度大，是我国脱贫攻坚主战场之一。全国 14 个集中连片特殊困难地区，云南有 4 个，迪庆藏族自治州、怒江傈僳族自治州是全国"三区三州"深度贫困地区。全省 129 个县中，122 个有扶贫任务，有 88 个国家级贫困县，有 27 个深度贫困县。按照国家统计标准，全省 2012 年底，贫困人口超过 880 万人，其中，少数民族贫困人口占 46.4%，深度贫困地区贫困人口接近一半。全省贫困发生率超过 20%，27 个深度贫困县贫困发生率超过 30%，贫困数量最大的一个州（市）昭通市，贫困发生率曾经超过 40%，怒江傈僳族自治州贫困发生率曾经超过 50%，怒江傈僳族自治州有一个贫困县福贡县，贫困发生率超过 70%。云南全省现行标准下农村贫困人口全部脱贫、88 个贫困县全部摘帽、8502 个贫困村全部出列，11 个"直过民族"和"人口较少民族"实现整体脱贫，"两不愁三保障"突出问题全部得到解决，2019 年，全省有 90.4% 的贫困户从产业扶贫中获得了收入，全省贫困地区农民人均可支配收入 10771 元，首次突破万元大关，增幅达 12.3%，比上年快 1.9 个百分点，比全省农民人均可支配收入高 1.8 个百分点，比全国贫困地区农民人均可支配收入高 0.8 个百分点，困扰云南千百年的绝对贫困问题得到历史性解决。

二　创新脱贫攻坚体制机制，夯实乡村振兴制度根基

云南省在脱贫攻坚过程中，创新并形成了一整套农业农村工作体制机制，对搭建形成云南乡村振兴的耦合性制度框架体系具有重要启示。

一是形成坚强工作保障。云南健全省负总责、市县抓落实的工作机

制，落实省市县乡村五级书记抓扶贫、党政同责促攻坚的组织领导体系，形成"不抓脱贫攻坚就是失职、抓不好脱贫攻坚就是渎职"的攻坚氛围，创新实践行业扶贫"定职责、定政策、定计划、定资金、定考核""五定"法，优先安排项目、优先保障资金、优先落实措施，推动脱贫攻坚整体推进、整体跃升。

二是奠定精准脱贫发展基础。截至2020年，云南省产业扶贫覆盖率达100%，经过五年不懈努力，云南省以打造世界一流"三张牌"为牵引，培育形成了26个扶贫主导产业，"县县有主导产业、村村有产业基地、户户有增收项目"的产业扶贫格局基本形成。推动扶贫产业覆盖建档立卡贫困户达168.53万户，全省带贫农业龙头企业4624个，带动贫困户71.34万户；带贫农民专业合作社1.82万个，带动贫困户114.3万户。同时，大力推广农业龙头企业绑定合作社、合作社绑定贫困户的"双绑"模式，将单家独户的小农户引入现代农业发展链条，促进稳定脱贫增收。全省共有2.95万个新型农业经营主体参与产业扶贫，带动了有产业发展条件的贫困户168.53万户脱贫。

三是夯实攻坚克难社会基础。截至2020年底，全面落实"尽锐出战"要求，选优派强并保持贫困县党政正职稳定，持续加强驻村扶贫力量，累计选派4.85万名第一书记、21.61万名驻村工作队员。省里7932名党员干部支援27个深度贫困县，选派90名优秀处级干部充实到怒江傈僳族自治州、镇雄县带队攻坚，选派1295名教师、医生、产业专家到深度贫困县一线工作。11个州（市）从摘帽县中选优、选强干部到贫困县乡村带队攻坚，集中优势兵力攻克深度贫困堡垒。

四是打牢精准帮扶工作基础。2018年以来，推动干部沉下去"面对面"与群众协商定策，组织20余万名干部深入乡村，核准致贫原因577.5万条，实现全省建档立卡189.2万户749.4万人脱贫措施户户清，122个县（市、区）1220个乡（镇）1.2万个村做实打赢脱贫攻坚战三年行动实施方案。省级领导既挂帅又出征，带头挂县包村帮户，293家省级和驻滇单位、1.5万个州市县单位挂包贫困县、贫困村，75万名干部与贫困户结"穷亲"。省委、省政府主要领导分别挂联迪庆藏族自治州、怒江傈僳族自治州，挂包贫困人口最多、任务最重的深度贫困县镇雄县、会泽县，其他省级负责同志每人挂联 1 个深度贫困县，每个县成立 1 个工作专班，在平常工作安排部署的基础上，迪庆藏族自治州、怒江傈僳族自治州每季度一调度，深度贫困县每月调度一次，确保攻坚工作按时序进度推进。

五是构建大扶贫工作格局。2015～2019 年，中央投入云南的财政专项扶贫资金从 48.02 亿元增加到 127.54 亿元，年均增长 27.66%，累计达 402.56 亿元，增幅和总量均居全国第一。安排 54 家中央单位定点帮扶云南 73 个县，是全国中央定点扶贫单位最多的省份，累计直接投入帮扶资金 27.16 亿元。上海市、广东省对云南省 88 个贫困县扶贫协作实现全覆盖，帮助 12 万名"直过民族"和人口较少民族贫困人口实现脱贫；上海市、广东省分别投入帮扶资金 105.64 亿元、30.97 亿元，引导企业在云南投资 162.03 亿元，建成 26 个产业园区，援建 698 个扶贫车间。完善劳务协作机制，帮助贫困人口实现就业 51.43 万人次，帮助支持 12 万个乡村公益性岗位。加大人才支持力度，累计选派 837 名干部、3680 名专业技术人才赴云南帮扶，280 家医院与云南省 259 家卫生医疗单位、413 所学校与云南省 422 所贫困县学校结对帮扶。

六是增强贫困群众的内生动力。云南注重把扶贫与扶志、扶智结合起来，引导广大群众依靠双手和意志实现脱贫致富。针对贫困地区部分群众"等靠要"、安贫、守贫思想严重，争贫、脱贫内生动力不足等现状，省委、省政府把"自强、诚信、感恩"主题实践活动作为精准帮扶的重要内容，先后涌现出了曲靖市罗平县"爱心超市"、文山壮族苗族自治州西畴县"五分钱"工程、昆明市"三讲三评"、临沧市"村史室"、德宏傣族景颇族自治州"小喇叭"工程、普洱市镇沅彝族哈尼族拉祜族自治县"深度贫困人口培训中心"等具有较强启发性、示范性和借鉴价值的"六小创新"做法，有效激发贫困群众改变贫困面貌的干劲和决心，促进贫困群众从"不愿干""不会干"转变为"学着干""争着干"。

三　农业供给侧结构性改革取得新进展，产业兴旺成效显著

乡村振兴，产业兴旺是重点。云南以打造世界一流"绿色食品牌"为抓手，以农业供给侧结构性改革为动力，促进高原特色现代农业跨越式发展，

实现乡村振兴之产业兴旺,走云南特色质量振兴之路。2019年,云南省茶叶、花卉、蔬菜、水果、坚果、咖啡、中药材、肉牛等八个优势产业综合产值5780亿元,打造世界一流"绿色食品牌"取得了显著成效。目前,云南省共有农业龙头企业4240家,实现营业收入3009亿元。其中,农业产业化国家重点龙头企业39家,省级重点龙头企业842家。2020年,云南省出口农产品323.8万吨,出口额360.7亿元,同比分别增长16.4%、8.9%,连续多年稳居西部地区第一。全省"三品一标"认证登记数量5590个,增长18.3%,农村第一、二、三产业加速融合。全省不断推进"一县一业"工程,用好18亿元财政资金,创新投融资方式,吸引更多金融资本、社会资本、民间资本投入"一县一业"工程。积极推进蔬菜、花卉两个优势特色产业集群项目建设。新增销售收入亿元以上绿色食品龙头企业54家,建立"绿色食品牌"与"一部手机办事通"、"一部手机云品荟"以及"云岭先锋"、云南农业大数据中心等平台无缝对接渠道和接口,实现资源整合、互联互通、共建共享。关于2015~2019年云南农业总产值可参见表3-3。

表 3-3 2015~2019 年云南农业总产值

单位:亿元;%

类别	2015 年	2016 年	2017 年	2018 年	2019 年
云南农业总产值	3383.09	3633.12	3808.84	4108.88	4935.70
名义增速	6.0	5.8	6.0	6.3	5.6
农林牧渔业增加值	2160.00	2242.15	2360.99	2498.86	3096.08
名义增速	6.00	3.80	5.30	5.84	5.50

四 农村人居环境整治全面展开,乡村生态宜居不断彰显

乡村振兴,生态宜居是关键。云南大力促进生态农业、绿色农业、有机农业发展,实现农业生态功能回归,实施乡村"山水林田湖草"立体化综合治理,重塑乡村生态环境价值,实现乡村生态振兴之生态宜居,走云南特色乡村绿色发展之路。从2018年开始,云南省实行农村环境整治三年行动,以建设"产业生态化、居住城镇化、风貌特色化、特征民族化、环

境卫生化"的美丽宜居村庄为目标，以加强村庄规划管理、农村生活垃圾治理、农村生活污水治理、农村"厕所革命"和村容村貌提升为主攻方向。三年行动以来，云南省农村人居环境明显改善，长效管护机制基本形成，截至 2020 年 5 月底，全省 129011 个自然村中，已有 105228 个自然村达到农村人居环境 1 档标准，占比为 81.57%；708 个传统村落列入中国传统村落名录，数量居全国第 2 位。农村生活垃圾治理水平实现新提高，91% 的乡镇镇区和 92% 的村庄对生活垃圾进行收集处理，录入国家信息系统非正规垃圾堆放点销号率达 92.60%，全省农村生活垃圾收集处理率达 99%，生活垃圾乱堆乱放情况明显改善。62% 的乡镇镇区对生活污水进行收集处理，27.80% 的行政村有污水处理设施，92% 的自然村生活污水乱排乱放得到管控，卫生户厕普及率达 87.46%。涌现出一批如临沧鲜花盛开的村庄、普洱民族特色村庄、红河农旅融合村庄、腾冲"五美一最"村庄等不同类型、不同水平、有亮点的美丽宜居乡村。

五　社会主义核心价值观深入人心，乡村乡风文明焕发新气象

乡村振兴，乡风文明是保障。云南大力培育和践行社会主义核心价值观，深入开展星级文明户、文明家庭等群众性精神文明创建活动和"自强、诚信、感恩"主题实践活动，传承优秀传统乡土文化，深入推进文化惠民工程，加快推进基层文化设施建设，推动移风易俗，培育文明乡风。云南省大理州宾川县罗官村以客事简办为突破口，传承勤俭节约美德，强化党员示范、典型带动、建章立制、多措并举，引导客事从简，助推乡风文明，促进社会主义核心价值观在罗官村落地生根，获得农业农村部推介首批全国村级"乡风文明建设"优秀典型案例。

六　农村基层党组织建设不断强化，乡村治理成效不断改进

乡村振兴，治理有效是基础。云南以农村基层党组织建设为引领，坚持自治、法治、德治相结合，激发群众自治活力，强化乡村法治建设，建设充满活力、和谐有序、民族团结的乡村社会，重塑乡村生活秩序（见表 3-4）。

表 3-4　云南乡村振兴之治理有效类型与典型案例

类型	类型含义	具体案例
基层党建型	注重加强基层党组织建设，密切党群、干群关系，进一步完善乡村治理体制机制	昆明市晋宁区昆阳街道旧寨村、大理州洱源县三营镇郑家庄村、楚雄州南华县龙川镇二街社区等
"三治"融合型	侧重于发挥自治、法治、德治的作用，探索"三治"结合有效途径，健全乡村治理体系	玉溪市通海县四街镇六街村、玉溪市峨山县富良棚乡塔冲村等
协商议事型	通过完善基层议事协商机制、利用现代信息技术、开展积分考评、规范管理村级事务等创新治理方式，提升乡村治理水平	玉溪市峨山县塔甸镇海味村、昆明市盘龙区阿子营甸头村等
问题导向型	聚焦于产业发展、宅基地改革、村级权力监管、红白喜事大操大办、天价彩礼和殡葬陋习等突出问题，寻求有效解决办法，提升乡村治理效果	玉溪市大营街"云南第一村"、保山市隆阳区潞江镇新寨村、红河州蒙自市新安所镇小红寨村、大理市湾桥镇古生村等
"五治"乡村善治型	突出党建引领，注重系统集成、协同高效，大胆探索创新，从体系化中聚集治理效能，开启政治、自治、法治、德治、智治的"五治"融合乡村善治模式	文山州西畴县
基层治理服务网型	注重培育非公经济党组织，探索建立"楼栋网格+红色物业"新型基层治理网络，引入市场要素参与村级治理	昆明市安宁市太平新城街道妥睦村
共建共治共享型	以强核心彰显组织战斗堡垒作用，定规矩提高乡村自我管理能力，共参与形成乡村治理共治格局	西双版纳州勐海县勐遮镇曼恩村

七　农民可支配收入稳步增加，乡村生活富裕持续改善

乡村振兴，生活富裕是根本。云南省把增加农民收入作为推进乡村振兴的关键一招，努力增加农民家庭经营收入、工资性收入、财产性收入和转移支付收入。2018 年，云南省农村居民人均可支配收入首次突破万元大

关，农村居民人均可支配收入呈现年均增速高于全国、增速持续快于城镇、与城镇相对差距逐步缩小的特点，促进了农村居民恩格尔系数的持续下降和农村生活水平的不断提升（见表3-5）。

表3-5　2015~2019年云南与全国农村居民人均可支配收入比较分析

类别	2015 年	2016 年	2017 年	2018 年	2019 年
云南农村居民人均可支配收入（元）	8242	9020	9862	10768	11902
名义增速（%）	10.5	9.3	9.3	9.2	10.5
云南农村居民恩格尔系数（%）	35.3	31.8	31.2	29.5	28.2
云南城乡居民收入比	3.20	3.17	3.14	3.11	3.04
全国农村居民人均可支配收入（元）	11422	12363.4	13432	14617	16021
名义增速（%）	8.9	8.2	8.6	8.8	9.6

第三节　云南脱贫攻坚与乡村振兴有效衔接的主要经验和做法

一　坚持党的领导

云南各级党委和政府全面贯彻党的十九大和十九届二中、三中、四中、五中全会精神，牢固树立新发展理念，落实高质量发展要求，坚决担负起脱贫攻坚的使命，坚持农业农村优先发展总方针，以实施乡村振兴战略为总抓手，以农业供给侧结构性改革为主线，充分发挥党委总揽全局、协调各方的领导核心作用，不断提高自身的领导能力，全方位看齐、对标习近平总书记关于扶贫工作的重要论述，不断树牢"四个意识"、增强"四个自信"，统一各级领导干部的思想，矢志不渝在脱贫攻坚和乡村振兴战场上践行"两个维护"，自觉在思想上、政治上、行动上同党中央保持高度一致，确保党中央、国务院决策部署落实落地，真正把全面从严治党要求贯穿于脱贫攻坚全过程、各方面，集中力量完成打赢脱贫攻坚战和补上全面小康"三农"领域突出短板两大重点任务，把巩固拓展脱贫攻坚成果与乡村振兴有效衔接，为农业农村现代化奠定坚实基础。

二　强化思想引领

云南各级党委和政府始终坚持以习近平新时代中国特色社会主义思想为指导，把深入学习贯彻习近平总书记关于扶贫工作与乡村振兴的重要论述作为长期工作主题和重要政治任务，通过召开党委常委会会议、政府常务会议、党委理论学习中心组学习会议和扶贫开发领导小组会议集中深入学习领会。一是纳入各地区各部门"两学一做"学习教育和党政领导班子、领导干部教育培训，连续几年举办学习贯彻习近平总书记关于扶贫工作的重要论述征文活动。二是集中学习《习近平扶贫论述摘编》。三是广泛宣讲《习近平扶贫论述摘编》。通过持续加强思想发动和理论武装，全省上下进一步强化了"首要政治任务、发展头等大事、第一民生工程"的思想自觉，"五级书记抓脱贫、党政同责促攻坚"的政治自觉，"不抓脱贫攻坚是失职、抓不好脱贫攻坚是渎职"的行动自觉。

三　坚持以人民为中心

云南始终把全省各族人民对美好生活的向往作为奋斗目标，忠实践行党的根本宗旨，坚定贯彻党的群众路线，充分尊重人民主体地位，让脱贫攻坚和乡村振兴的成果更多更公平地惠及各族人民。一是对标"两不愁三保障"和贫困退出标准，突出深度贫困县和特殊困难人口，尽锐出战、精准施策，苦干实干、攻坚克难，确保全面小康路上一个地区不能少、一个民族不掉队。二是紧扣社会主要矛盾变化，集中力量做好普惠性、基础性、兜底性民生建设，努力解决好群众最关心的就业、社保、教育、医疗、住房等问题。三是协调推进新型城镇化建设和乡村振兴战略，推动形成工农互促、城乡互补、全面融合、共同繁荣的新型工农城乡关系，促进城镇和乡村共生共荣、各美其美，让各族群众共享现代化的美好生活。①

---

① 陈豪：《在省委学习贯彻习近平总书记在庆祝改革开放 40 周年大会上重要讲话精神座谈会上的讲话》，《社会主义论坛》2019 年第 1 期。

四　压实政治责任

一是建立了省州县乡村五级书记抓扶贫、党政同责工作机制，层层立下"军令状"、挂起"作战图"，省级领导全体动员、担当发力，牵头抓好分管领域脱贫攻坚工作，分别挂联深度贫困县或贫困县，实行省级领导脱贫攻坚工作年度报告制度，示范带动各地区、各部门尽锐出战。

二是全力配合支持中央脱贫攻坚专项巡视，将脱贫攻坚任务落实情况纳入省委巡视工作范围，倒逼各地区、各有关部门切实提高脱贫攻坚政治站位。坚持把脱贫攻坚作为"一把手"工程，完善落实"党政主责、部门同责、干部主帮、基层主扶"的责任体系，层层传导"军令状"的责任和压力，狠抓脱贫攻坚责任、政策、工作落实落地。创新实践行业扶贫定职责、定政策、定计划、定资金、定考核"五定"法，做到扶贫工作优先对接、资金优先保障、项目优先安排、措施优先落实。强化政策支持，全面深化改革扶贫工作思路、措施、方法、路径。

三是16个州（市）党政主要领导和15个省级部门主要领导签订脱贫攻坚目标责任书，层层细化分解，纵向到底、横向到边，压茬推进工作落实，年底考核交硬账。各地区、各部门上下协同、条块结合，对标政策抓落实，对准问题抓整改，对照任务抓进度，全面实行任务清单、问题清单、责任清单、时限清单和挂账销号制管理，着力推进10项重点工作，有效提高了全省脱贫攻坚工作的质量水平。

五　坚持问题导向

省委、省政府全面部署开展以问题整改为重点的"转作风、大调研、抓精准、促落实"专项行动，坚持重心下沉、突出问题导向、强化整改落实、构建长效机制、坚持动真碰硬。坚决落实中央脱贫攻坚专项巡视整改要求，省委成立整改领导小组，省委书记担任组长，主持制定整改方案和整改清单，一线督导落实，坚决维护党中央权威和巡视监督的严肃性与公信力。

六　强化精准落实

以"户户清"、"村村清"、易地扶贫搬迁"绝地反弹、后来居上"、创新依法控辍保学"四步法"、制定"基本医疗有保障"具体标准、积极排查并全部完成危房改造、修订云南省脱贫攻坚农村饮水安全评价细则等为抓手，全面开展拉网摸底、比对分析，精准锁定"两不愁三保障"剩余任务量，按年底销号清零定方案、定资金、定责任。

七　聚焦难点攻坚

以迪庆、怒江两州和 27 个深度贫困县为重点，强化组织、政策、资金、力量倾斜，聚力攻克贫中之贫、坚中之坚，扎实推动深度贫困地区脱贫攻坚。

在组织领导上，陈豪同志、阮成发同志分别挂联属于"三区三州"的迪庆州、怒江州，挂包脱贫攻坚任务最重的镇雄县、会泽县；每个深度贫困县都有 1 位省级领导挂联，上海或广东的 1 个区县结对开展"携手奔小康"行动，3 个省直单位、1 家省属国有企业挂钩帮扶；每个深度贫困村都选派了一支 5 人以上的驻村扶贫工作队。

在政策举措上，出台《关于深入推进深度贫困地区脱贫攻坚的实施意见》，细化实化《云南省全力推进迪庆州怒江州深度贫困脱贫攻坚实施方案（2018—2020 年）》，形成迪庆州、怒江州深度贫困脱贫攻坚重点任务清单，19 个省级部门制定了 16 个配套文件，确保新增资金、项目、举措主要用于深度贫困攻坚。

在资金投入上，大幅度增加、整合涉农资金和专项扶贫资金，将省级以上财政涉农资金和专项扶贫资金的 50% 以上投入深度贫困县。

在帮扶力量上，组成专家服务团队开展精准智力扶贫，做到需求、项目、专家"三对接"；下派干部、选派驻村扶贫工作队到深度贫困县。加大对迪庆州、怒江州挂职干部和技术人员支持力度。推动贫困人口转移就业，选聘建档立卡贫困人口担任公路养护员。开展"中国光彩事业怒江行"活动，提高迪庆州产业扶贫组织化水平，探索了一条"农旅融合""乡旅融合""文旅融合""生旅融合"的发展路子，基本实现产业扶贫项目、新型经营主体对建档立卡贫困户"两个全覆盖"。

落实《云南省全面打赢"直过民族"脱贫攻坚战行动计划（2016—2020年）》和11个工作方案，大力推进提升素质能力、就业扶贫、易地扶贫搬迁、危房改造、产业扶贫、改善基础设施等重点工作，推进集团帮扶，加快"直过民族"和人口较少民族普通话普及攻坚，争取国家给予云南省"直过民族"、人口较少民族及沿边地区自然村通硬化路特殊支持，确保不让一个兄弟民族掉队、不让一个贫困群众落伍。

八　强化工作机制

坚持"中央要求、云南所需、沪粤所能"，落实高层互访、联席会议制度，共同研究制定《云南省关于进一步加强沪滇粤滇扶贫协作工作的实施意见》《云南省关于沪滇粤滇扶贫协作考核办法（试行）》《上海云南扶贫协作"十三五"规划》和昭通市、怒江州扶贫协作计划，围绕脱贫攻坚项目库，编制实施东西部扶贫协作三年行动计划。建立省级统筹、州（市）推进、基层抓落实的扶贫协作工作机制，进一步深化产业、就业、人才、教育、健康等扶贫协作和干部交流。出台《云南省东西部扶贫协作投资项目优惠政策措施的实施方案》，全力支持上海市和广东省企事业单位、社会组织及个人，到云南贫困县投资兴业，参与脱贫攻坚。签署对口帮扶干部人才交流协作协议，选派干部到上海、广东挂职。

九　形成攻坚合力

加大财政投入力度，加强金融支持，用好土地增减挂钩政策，做实中央定点扶贫，加强协调服务，开展消费扶贫，加强驻村扶贫，强化干部和人才支持，广泛动员社会扶贫力量，多方协调、全面统筹，推动各种资源、各方力量向攻坚前线聚集聚合，为巩固拓展脱贫攻坚成果与乡村振兴有效衔接提供更有力的物力、人力保障。

十　强化队伍建设

始终聚焦人这个关键因素，从干部身上发力，大力弘扬"跨越发展、争创一流；比学赶超、奋勇争先"精神，持续加强能力建设，坚持基层党建与脱贫攻坚"双推进"。强化典型示范，落实脱贫攻坚荣誉表彰制度。贯彻脱贫攻坚作风建设年的决策部署，制订扶贫领域腐败和作风问题专项治理三年工作方案，持续推动作风攻坚。切实减轻基层负担，出台扶贫领域作风建设"十条规定"，狠刹形式主义、官僚主义不正之风。

第四节　巩固拓展脱贫攻坚成果对全面实施乡村振兴战略的启示

努力实现巩固拓展脱贫攻坚成果与实施乡村振兴战略的有效衔接，已成为现阶段的重大课题，其重点在于总结精准扶贫过程中的经验并在乡村振兴中继承发展，主要体现在坚持党的领导、坚持精准做法、坚持加大资金投入力度、坚持社会广泛参与、坚持农民主体地位、坚持狠抓责任落实和坚持精准退出上。①

一　坚持党的领导

习近平总书记指出，各级党委和党组织必须加强领导，为实施乡村振兴战略提供坚强政治保证。在精准扶贫的实践中，中国共产党坚决担负起脱贫攻坚的使命，不断提高自身的领导能力，建立了"五级书记抓扶贫"的精准扶贫制度。同样，推进乡村振兴也要坚持党的领导，建立实施乡村振兴战略领导责任制，实行中央统筹、省负总责、市县抓落实的工作机制，明确党政一把手是第一责任人，五级书记抓乡村振兴。提高党的农村

---

① 郑风田、刘爽：《借鉴精准扶贫经验 着力推进乡村振兴》，《光明日报》2019年6月13日。

基层组织建设质量，为新时代乡村全面振兴提供坚强政治和组织保障。要加强基层党组织建设，发挥农村基层党组织在乡村振兴中的领导作用。

二　坚持精准做法

精准做法贯穿了精准扶贫的全过程，形成了一系列有效经验，云南扶贫工作能取得历史性成就，贵在精准。乡村振兴也要坚持精准思维，一是分类精准，要明确区分城郊融合型、集聚提升型、特色保护型、搬迁撤并型和守边固边型村庄；二是思路精准，做到规划先行，找准工作重点，一张蓝图绘到底；三是方式精准，要坚持因地制宜、精准施策、分类振兴。

三　坚持加大资金投入力度

乡村振兴需要强大的资金支持。要继续坚持财政优先保障、提高土地出让收益用于农业农村比例、引导和撬动社会资本投向农村、提高金融服务乡村振兴水平等措施，重点投向农村突出的短板与弱项，加快补齐农村在基础设施、公共服务、人居环境整治方面的短板。

四　坚持社会广泛参与

专项扶贫、行业扶贫、社会扶贫等多方力量有机结合的"三位一体"大扶贫格局充分发挥了各方面积极性。乡村振兴也是如此，要鼓励各类社会组织积极参与到乡村振兴中，要不断深化农村改革，提高农业对外开放水平，激活主体、激活要素、激活市场，调动各方力量投身乡村振兴，积极发挥市场的作用，形成"有为政府+有效市场"促乡村振兴的模式。

五　坚持农民主体地位

习近平总书记指出"扶贫要同扶智、扶志结合起来"[1]。乡村发展不能

---

[1]　习近平：《在深度贫困地区脱贫攻坚座谈会上的讲话》，人民出版社，2017。

一直依靠国家政策倾斜、社会帮助等"外部输血",而应当注重乡村的可持续发展,实现乡村"内部造血"。要坚持农民主体地位,充分尊重农民意愿,切实发挥农民在乡村振兴中的主体作用,调动亿万农民的积极性、主动性、创造性,把维护农民根本利益、促进农民共同富裕作为出发点和落脚点,促进农民持续增收,不断增强农民的获得感、幸福感、安全感。

六　坚持狠抓责任落实

在精准扶贫过程中,习近平总书记提出领导工作要实、任务责任要实、资金保障要实、督查验收要实的要求。在乡村振兴上,应当坚持从严要求,促进真抓实干。在领导工作方面,按照习近平总书记关于党政一把手脱贫攻坚工作责任制和"五级书记抓扶贫"的要求,将乡村振兴成效作为一项重要的考核指标纳入地方领导的考核体系中。在任务责任方面,借鉴全省建立"党政主责、部门同责、干部主帮、基层主扶"各负其责、合力攻坚的责任体系,落实各方责任。在资金保障方面,充分整合发挥财政资金、贷款资金和社会资金力量,发挥好财政资金"四两拨千斤"的杠杆作用,撬动贷款资金和社会资金的主体作用,最后要确保把钱花在刀刃上,建立乡村振兴资金使用监督机制。在督查验收方面,借鉴脱贫攻坚的检查验收制度。尽快建立完善乡村振兴成效评估标准和体系,科学评估成效。

七　坚持精准退出

严格考核评估,严格退出程序。以"户户清"为抓手,按照"缺什么、补什么"的原则,做实到户精准帮扶措施,确保真脱贫、脱真贫。以"村村清"为抓手,创新"六清六定"工作机制,做到县有项目库、村有施工图,全面补齐短板,确保贫困县、贫困村高质量出列。

第四章

云南巩固拓展脱贫攻坚成果与乡村振兴
有效衔接：困境与挑战

尽管云南农业、农村发展取得巨大成就，但在经济社会发展中最明显的短板仍在"三农"，现代化建设中最薄弱的环节仍是农业、农村，在巩固拓展脱贫攻坚成果与乡村振兴有效衔接的过程之中还存在一定的困境和挑战。

第一节　云南巩固拓展脱贫攻坚成果
与乡村振兴有效衔接的困境

一　农业高质量发展短板突出，乡村产业兴旺有待提振

党的十九大把乡村产业发展从过去"生产发展"转变为"产业兴旺"，并将"产业兴旺"作为乡村振兴战略的核心因素，这意味着乡村产业发展从产量向质量、粗放向精细、低端向高端、不可持续向可持续转变。就云南省2015~2019年乡村振兴之产业兴旺指标来看，粮食综合生产能力呈波动趋势，说明了其仍不稳定，但是在2015年就已经达到2022年所设定的目标值；农业科技进步贡献率总体呈上升趋势，在2019年达到全国平均水平59.2%，但是与2022年目标值61.5%还有一定距离；全员劳动生产率总体上也呈上升趋势，在2019年达到最大值，且2018年与2019年均已超过2022年目标值，但是与全国平均水平相比，差距较大；农产品加工产值

与农业总产值比虽然呈上升趋势，但是没有达到全国平均水平，也没有达到 2022 年目标值，证明云南省在产业链方面取得的成效较低，农产品附加值低，未将产业链充分延伸至农产品精加工、深加工，导致农业产业链不长、农产品附加值不高；休闲农业和乡村旅游接待人次总体呈上升趋势，但是与 2022 年目标值 3 亿人次还有一定距离（见表 4-1）。

表 4-1　2015~2019 年云南乡村振兴之产业兴旺指标

主要指标	单位	2015 年	2016 年	2017 年	2018 年	2019 年	2022 年目标值	全国平均（2019 年）
粮食综合生产能力	万吨	1969.79	1815.1	1929.5	1860	1870.03	>1815.1	1952.4
农业科技进步贡献率	%	50.0	52.0	56.0	57.0	59.2	61.5	59.2
全员劳动生产率	万元/人	4.1	4.5	5.4	5.9	7.0	5.5	11.5
农产品加工产值与农业总产值比	%	0.65	0.67	0.67	1.11	1.60	2.50	2.30
休闲农业和乡村旅游接待人次	万人次	5262.6	13400	16300	—	18624	30000	320000

云南省产业扶贫的成果显著，很多脱贫地区的产业已经能够带动当地的经济发展，但是与产业兴旺还有一定的距离，产业发展各方面还存在一定的问题，主要表现在以下五个方面。

一是农业土地产出率、劳动生产率低。脱贫攻坚以来，云南农业的生产率水平有了较大提高，但是与全国平均水平相比，云南农业的土地产出率水平仍然较低。云南农业土地产出率水平低下的主要原因，除了农业基础设施薄弱和劳动力素质较低等客观因素，关键是低效农作物所占比重较高。

二是农村第一、二、三产业融合发展深度不够。目前云南农业发展方式转变任务较重，农业产业结构与市场结合度不高，农产品加工产值与农业总产值比不高。主要是由于农业产业发展层次低，其规模化、标准化、专业化、产业化和多样化水平不高，农业社会化服务体系尚未完善，农业生产基本上还停留在传统的运作模式上。农业多元化功能有待深度挖掘。目前休闲农业、旅游农业仅以观光和采摘为主，基于文化传承、人物历史、乡风民俗等的高品质特色功能挖掘不够深入，而且一些产业融合项目同质化现象严重，缺乏差异化竞争和深度开发的功能载体。

三是农业科技现代化水平不高。在农业机械装备方面，全省动力机械多，配套作业机具少，机具配套比低，且机具老化严重，利用率低下。同时，发展结构不合理，小型农机具数量多，大、中型农机具跟不上产业化发展要求。在农业科研方面，实用技术示范、推广滞后，良种良法推广应用率和科技成果转化率低，科技支撑能力不强。

四是农业产业链短、供应链不健全和附加值低。目前云南省农业产业链的发展尚不完善，全省农业产业发展仍以传统种养模式为主，而未将产业链充分延伸至农产品精加工、深加工，导致农业产业链不长、农产品附加值不高，其上下游的种业、加工物流业、销售等发展较为落后或缺乏，与现代农业发展要求不匹配。

五是新型经营主体培育相对滞后。目前有实力的新型农业经营主体缺乏，大型龙头企业少，带动能力不强、竞争力弱，参与农业经营的涉农龙头企业大都涉足于非农产业，不能高效地推动第一、二、三产业融合发展。部分新型农业经营主体结构单一、经营管理方式粗放、创新能力不足、产业化科技水平不高，家庭农场和专业大户规模效应、参与融合能力偏低，抗风险能力不足。呈现出品牌培育与建设滞后，新型农业经营主体散、小、弱等突出的问题。

总之，云南省农业供给质量和效益亟待提升，农业整体仍然没有摆脱"大资源、小产业"的困境。

二　农村基础设施的欠账较多，乡村生态宜居有待改善

囿于全省广大农村地区经济发展滞后，农村基础设施建设历史欠账较多、资金投入不足、融资渠道不畅，导致人居环境与生态问题突出。就云南省2015~2019年乡村振兴之生态宜居指标来看，畜禽粪污综合利用率近年来处于上升趋势，整体在全国平均水平之上，2019年与2022年目标值78%还相差3个百分点；村庄绿化覆盖率2019年与2016年相比提升了10个百分点，但还未达到2022年目标值，证明村庄绿化覆盖率还需提高；对生活垃圾

进行处理的村占比不断提高，证明近年来云南省对乡村生活垃圾处理力度加大，成效显著，但是距离 100% 的 2022 年目标值还有一定距离；农村卫生厕所普及率随着"厕所革命"的不断推进而不断提高，已经超过全国平均水平，接近 2022 年目标值（见表 4-2）。

表 4-2　2015~2019 年云南乡村振兴之生态宜居指标

主要指标	单位	2015 年	2016 年	2017 年	2018 年	2019 年	2022 年目标值	全国平均（2019 年）
畜禽粪污综合利用率	%	—	70	75	76	75	78	70
村庄绿化覆盖率	%	—	20	—	—	30	32	—
对生活垃圾进行处理的村占比	%	—	50	70	88	92	100	—
农村卫生厕所普及率	%	64.68	64.80	73.50	72.79	87.46	>90	60

农村田、水、电、气、路、网等基础设施仍比较薄弱，乡村生活、生产垃圾、污水处理设施是突出短板，垃圾分类处理问题最为突出。主要表现在以下几个方面。

一是农民思想观念落后，环保意识不强。农民生态建设、环境保护意识薄弱是农村人居生态环境恶化的内在原因。农民的环保意识直接影响到农民对生态环境的保护态度以及平时对生活垃圾的处理态度，进而影响农民对村庄环境保护的参与程度和参与水平。同时，部分落后地区群众为谋求经济发展，在生产生活过程中看重自身经济利益而忽视长期可持续发展，长期毁林开荒、毁草种地等，造成生态环境遭受严重破坏。

二是环境卫生基础设施不足。近年来，各级政府积极推进环境整治工作，对乡村环境卫生加大督查力度，但乡村环境综合治理资金投入不足，同时多地的新农村建设只注重房屋立面改造、群众活动广场建设及其他基础设施建设，没有规划畜禽粪污和垃圾集中堆放场地等设施，农村环卫基础设施配套不足。垃圾池、垃圾桶、中转站等环卫设施严重匮乏，垃圾无处倾倒；多数农村地区没有相应的垃圾填埋场所和垃圾堆放点，缺乏专门用于垃圾处理的垃圾焚烧炉，只能自选场所进行简易填埋。

三是农村人居环境治理存在难题。一方面，云南省农村地区是云南环境治理的薄弱区，历史、自然等多方面原因导致云南省农村人口众多，分散程度高，长期以来的生活习惯和生活方式导致环境污染严重、污染物较为复杂、治理难度大；农民生活垃圾处理不善，主要采用露天焚烧和就地填埋的方式，垃圾分类集中处理设施不完善，导致土壤污染、大气污染加剧，生态系统存在退化风险。另一方面，乡村干部绿色发展理念薄弱，在绿色发展薄弱区缺乏绿色可持续发展长期规划，在生态保护中管理秩序混乱，资源利用杂乱无章、有章不遵、有法不依，村级生态环境治理体系建设不健全。

四是持续资金保障缺乏。乡村生态宜居建设的好坏与乡村经济发展水平的高低密不可分。许多乡镇由于资金的缺乏，在污水处理过程中，难以建成完备的排污系统；在农业生产过程中，无法引进先进的培育技术、秸秆焚烧技术，以减少对化肥、农药等的使用；资金的缺乏也制约"厕所革命"的推进以及后续管理。此外，垃圾中转站的建立以及垃圾的投放和处理等，耗费的资金较多。资金的不足直接制约乡村环境治理项目和技术的推进，乡村生态宜居的问题也就随之产生。

五是乡村缺乏合理的规划。云南省大多数乡村没有制订一个有效和完善的规划。有些规划还仅仅停留在口头设计和约定俗成阶段，没有形成书面的正式规划。乡村没有提出切实可行的规划设计方案，只是盲目地进行乡村绿化，具有较强的随意性，未能形成统一的乡村整体绿化格局。

三　农村公共服务短板弱项突出，乡村乡风文明基础有待夯实

实施乡村振兴战略，不仅要让农民"住上好房子、开上好车子"，还要让农民"过上好日子、活得有面子"，满足其精神需求。特别是在乡村居民生活水平已经全面进入小康、衣食住行已经不成问题的现阶段，满足农民的精神需求就显得更为重要，也更为迫切。就云南省2015～2019年乡村振兴之乡风文明指标来看，2019年村综合性文化服务中心覆盖率为95%，距离2022年目标值仅差3个百分点；2019年县级及以上文明村和乡镇占比为48.60%，与2022年目标值大于50%还差至少1.40个百分点；农村义务教育学校专任教师本科及以上学历比例2019年达53.76%，说明云

南省乡村教师学历水平还有待提升；农村居民教育文化娱乐支出占比不稳定，2019 年还未达到 2022 年目标值（见表 4-3）。

表 4-3 2015~2019 年云南乡村振兴之乡风文明指标

主要指标	单位	2015 年	2016 年	2017 年	2018 年	2019 年	2022 年目标值	全国平均（2019 年）
村综合性文化服务中心覆盖率	%	—	84	78	—	95	98	—
县级及以上文明村和乡镇占比	%	—	43.20	—	—	48.60	>50	—
农村义务教育学校专任教师本科及以上学历比例	%	—	46.30	49.60	—	53.76	68.00	—
农村居民教育文化娱乐支出占比	%	—	12.5	14.0	—	12.4	13.6	—

乡风文明存在的问题主要有以下几点。

一是传统优秀道德观念淡化，思想道德滑坡。随着科技发展，信息传播渠道多元，传统的价值观念在市场经济和外来思想的交织作用下，发生了很大的转变，主要体现为传统的质朴、厚道、诚信、奉献和集体观念逐渐被淡化，利己主义迅速渗入，思想道德有所滑坡。部分农民思想观念落后，只看重个人利益、眼前利益和局部利益，而忽视国家利益、集体利益和他人利益，缺乏大局意识、看齐意识。同时，孝老爱亲、邻里互助、真善美的传统美德逐渐淡化。随着信息传播技术的发展，文化信息向农民涌入，既有引导农民积极向上的主流文化信息，又有制约农民文明发展的低俗文化信息，由于信息的开放性和信息接收者的自主性，管理者很难对信息进行筛选。

二是娱乐方式匮乏，赌博、酗酒风气盛行。少数农民思想消极、精神颓废、不务正业，从封建迷信中寄托追求，从赌博输赢间寻求刺激，从庸俗活动上获取快感。相对封闭、单调、乏味的农村文化生活，让农村的陈规陋习代代相传，不少农村地区调查显示，村民空余时间凑在一起谈论是非的现象不少，一些农村聚众赌博风气盛行，参赌聚赌的现象屡见不鲜，一些大龄未婚青年，不思进取、懒惰懈怠，抱着"破罐子破摔"的心态以酒度日。文化需求的消失极易消磨人的精神追求，使新农村的建设失去精神动力，严重影响社会主义新农村建设。

三是文化创新能力较弱，内容同质化严重。农村人口受教育程度普遍偏低，制约了文化创新，加上文化教育资源城乡不均衡，文化基础知识的普及和文明素质教育是乡风文明建设中急需解决的问题。

四 农村基层组织较为软弱涣散，乡村治理成效有待强化

虽然云南省乡村治理取得一定成果，但云南省乡村治理体系和治理能力现代化水平还不高，治理理念、治理方式、治理手段还存在许多不适应的地方，乡村治理需要破解的难题还不少。从云南省 2015~2019 年乡村振兴之治理有效指标来看，村庄规划管理覆盖率 2019 年达 80%，距离 2022 年目标值 100% 还差 20 个百分点；党组织书记兼任村委会主任的村占比 2017 年为 30%；有村规民约的村占比为 100%，但是存在空壳问题，落实不到位；集体经济强村比重 2019 年为 8%，集体经济还需发展（见表 4-4）。

表 4-4 2015~2019 年云南乡村振兴之治理有效指标

主要指标	单位	2015 年	2016 年	2017 年	2018 年	2019 年	2022 年目标值	全国平均（2019 年）
村庄规划管理覆盖率	%	—	70	79	—	80	100	—
建有综合服务站的村占比	%	—	40				53	
党组织书记兼任村委会主任的村占比	%	—	28	30			50	
有村规民约的村占比	%	—	100	100	100	100	100	—
集体经济强村比重	%	—	5	8	—	8	9	—

治理成效存在的问题主要有以下几点。

一是乡村精英流失，治理主体能力弱化。目前，农村大量青壮年劳动力外出务工，"空心化"现象普遍，留下儿童、妇女、老人等弱势群体在

村中，全省部分县外出务工人员占农村劳动力比重在 75% 以上，乡村"熟人社会"的治理结构和约束机制逐步发生变化，"散"的特征更加明显，造成乡村治理人才匮乏，整体能力不足，客观上造成乡村治理难度加大。

二是农村基层党组织发挥领导核心作用不够。目前基层党组织普遍存在组织发动群众的方式方法陈旧，干部拍板多、农民声音少，发挥农民主体作用不够的问题。当前农村基层党组织凝聚力和战斗力不强，在工作中不能发挥战斗堡垒核心作用，跟不上当前新形势的发展，加之不愿主动学习新知识和新理念，导致带领农民群众发展经济的知识和本领严重不足，发挥不了"领头雁"的作用。

三是农村"两委"班子能力薄弱，"无人管事、无人干事、无钱办事"现象还比较突出。少数党组织在落实组织制度中力度不到位，"时间难协调、场所难固定、人员难集中、效果难保证"成为基层党组织开党委会、支委会的真实写照。在日常生活中，部分党员的党性意识淡薄，组织观念淡化，不按规定参加党课活动，思想汇报流于形式，党费缴纳拖沓延迟，严重违反了党的规章制度的要求，削弱了党组织的凝聚力和战斗力。同时，农村"两委"班子目前普遍存在年龄老化、知识结构不合理等问题，严重制约了农村经济发展和农民脱贫致富。

四是乡村德治能力有待提高。部分乡村乡土文化日益消散，少数乡村还留有陈旧不合理的规章制度和不良的风俗习惯。在一些乡村中，虽有明确的村规制度制约村民的行为习惯，但仍有不正风气的存在。有的在节日出现铺张浪费现象，个别子女对老人生活缺乏关心，有时可能还会出现兄弟姐妹之间为财产争吵的情况。一些事件只能凭借德治解决，还达不到用法律解决的条件。乡村真善美的观念逐渐变淡，村民对传统美德的重视程度较低，乡村精神文明建设有待加强。

五是乡村"三治"结合力度不够。"三治"结合的治理模式是新时代乡村治理的新格局，然而在实践的过程中也出现了新的治理危机。村民习惯了以往的村委会"自治"模式，通常会通过召开村委大会来自己解决一些村内矛盾事务，这种方式往往忽略了"法治"而容易导致处理不公、难以充分协调。"三治"存在形式在场与实质结合的缺位，全国各地都着力加大"三治"力度，但没有将其视为一个有机的整体，而是分别注重自治、德治、法治，因此也没有发挥乘数效应，正是因为三者存在不足，即自治无力、法治不足、德治空虚化，在具体实践中没有得到很好的结合，所以乡村治理才无法得到有效的创新。

五　城乡居民收入差距仍然较大，乡村生活富裕有待提升

农民适应生产力发展和市场竞争能力不足，农村人才匮乏，云南农村居民的可支配收入水平仍然较低。从云南省 2015~2019 年乡村振兴之生活富裕指标来看，农村居民恩格尔系数呈下降趋势，说明农村生活水平不断提升；城乡居民收入比从 2015 年的 3.20 下降到 2019 年的 3.04，证明城乡收入差距不断缩小，但是距离 2022 年目标值还比较远；农村自来水普及率呈现整体上升趋势，2018 年已经超过 2022 年目标值；具备条件的建制村通硬化路比例在 2017 年已经达 100%（见表 4-5）。

表 4-5　2015~2019 年云南乡村振兴之生活富裕指标

主要指标	单位	2015 年	2016 年	2017 年	2018 年	2019 年	2022 年目标值	全国平均（2019 年）
农村居民恩格尔系数	%	35.3	31.8	31.2	29.5	28.2	29.2	30.3
城乡居民收入比		3.20	3.17	3.14	3.11	3.04	2.67	2.64
农村自来水普及率	%	77.7	78.0	83.0	89.5	94.0	85.0	81.0
具备条件的建制村通硬化路比例	%	—	88	100	100	100	100	100

城镇与乡村在资源、环境和区位条件等方面差距巨大，导致城乡发展起步条件存在差异，加之城镇对货币资本、人力资本和知识资本等高级生产要素的“虹吸效应”、“马太效应”和“极化效应”，进一步固化了云南城乡之间固有的经济社会二元结构，导致云南城镇与农村经济社会发展存在差距。主要表现有以下几个方面。

一是城乡收入差距大。近年来，党和政府不断加大对农村经济发展的支持和投入，农民群众的经济收入不断得到提高，但是城乡居民收入差距依然较大。第一，国家对城乡的财政投入差距较大。首先，政府为城市提

供了很多基础设施，城市居民不用承担公共物品开支且能享受到公共物品所带来的便利，而农村居民需要自己承担一部分公共物品开支且公共物品不齐全。其次，由于农产品的独特性质，需求弹性小，经济价值不高，而且很容易受自然灾害的影响。第二，城乡教育水平的差异导致了城乡居民人力资本差异。我国对农村的教育投资明显不足，农村居民受教育程度不高，教育落后导致农村居民知识贫乏、思想观念落后、总体素质偏低。相反，城市教育投资高，教学设施完备，有良好的教育环境和条件，受教育程度高的城市居民，其总体素质较高。在知识经济时代，个人素质较低的农村居民其收入会明显低于个人素质高的城市居民。更为重要的是，农村投资培养出来的高素质人才很大一部分会留在城市，这对农村来说是极大的损失，无疑拉大了城乡居民收入差距。第三，我国劳动力相对过剩，企业对来自农村的劳动者采取歧视性态度。农村劳动者相对于城市劳动者来说在求职时会处于劣势地位，只能从事低报酬且城市劳动者不愿意从事的职业。不仅如此，农村劳动者的工资增长幅度也远不如城市劳动者，还会被拖欠工资。所以，农村居民的工资性收入远远低于城镇居民。就业方面的差距也导致了城乡居民收入差距扩大。

二是农民安全感缺乏保障。民生领域的发展关乎人民的安全感和幸福感，是同人民群众关系最为紧密的领域。但现阶段，乡村民生工程相对滞后，在社会关怀和民生建设中的"兜底"作用有待增强，基础性民生设施建设有待完善。第一，医疗卫生条件难以得到有效保障。现阶段，我国大多数村庄都普及了农村合作医疗，但仍然难以满足农民需求，主要是因为医疗报销比例较低，看病贵、看病难，这是因为农村公共卫生体系不完善，基层医疗卫生基础薄弱，有的乡村卫生所药品不全、医护人员综合素质有待提高。乡村医疗水平较低，村民往往只能去大医院看病，但大医院的医疗费相对较高，住院报销比例较低，村民收入又有限，村民因病返贫现象时有发生。第二，农村养老保障不到位。现阶段，农村留守老人增多，但养老条件却跟不上养老需求，有的乡村甚至没有养老院，孤寡老人得不到妥善安置。政府部门在农村养老保障方面的资金投入力度有待加大。

三是乡村文化产业助力滞后。现阶段，城市文化事业蓬勃发展，文化水平显著提升，文化产业越来越成为第三产业的重要组成部分，而乡村文化事业发展则相对滞后，难以满足农民对美好生活的需要，文化精神生活的巨大落差，致使很多农村青壮年劳动力留恋于丰富多彩的都市生活。第一，在教育方面，九年制义务教育不断得到普及，但农村学校布局不合理、办学条件有限、基础设施不完善，乡村教师的整体素质有待提升，部分地区的教育经费有限，教师工资水平较低且难以保障，留不住教师，一系列因素制约了乡村教育事业的发展，致使乡村教育水平较低，影响了广大农民对乡村教育的满意度，越来越多进城务工的农民将子女送入城里读书，导致农村出现许多"空壳学校"，农村教育事业发展越发惨淡。第二，农村文化设施、公共文化资源、文化活动相对较少，有些村庄甚至都没文化栏，用来丰富农民业余生活的文化活动少之又少，难以满足农民的精神文化需求。文化活动的单一致使很多农民在农闲时无所事事，聚众赌博成为部分村民的消遣方式，低俗、媚俗现象屡禁不止。第三，村落传统文化遭到破坏。部分地方政府和村民缺乏长远目光，注重眼前经济利益，盲目进行城镇化建设、过度开发乡村旅游业，忽略了对村落文化遗址的维护与修缮，很多富有文化价值的历史文物、人文景观等遭到严重破坏，剪纸、刺绣、竹编等传统手工艺逐渐失传，富有特色的村落文化日益衰落，甚至消亡。

第二节　云南巩固拓展脱贫攻坚成果与乡村振兴有效衔接的挑战

一　巩固脱贫成果任务艰巨，防止规模性返贫问题

云南如期完成了党和人民交给的脱贫攻坚任务，伟大成就来之不易，乡村振兴任重道远。当前和今后一个时期，巩固拓展脱贫攻坚成果，实现与乡村振兴有效衔接仍然是云南的头等大事。云南贫困县最多、贫困人口最多、贫困程度最深，全省人均地区生产总值水平低、农村人均可支配收入低、脱贫人口经营收入水平低，深度贫困地区、"直过民族"和人口较少民族存在规模性返贫风险。不少贫困户、贫困人口的致贫原因又往往是

复杂的，是多重因素综合作用的结果。正因如此，巩固脱贫成果的任务是艰巨的。

二　部门条块分割问题突出，协同推进体制机制尚未形成

农村改革任务较重，城乡之间要素合理流动机制亟待健全，集中体现为"人、钱、地、法"等要素对乡村全面振兴的支撑不足。一是本土实用技能人才缺乏，农民自主创业、自我发展能力弱；激励引领规划、科技、经营管理等各类人才服务乡村振兴的保障政策尚不完善。二是过度依赖财政专项资金。三是乡村公益性设施用地紧张，新产业、新业态发展用地供给不足，农业设施用地建设标准低，审批手续繁杂、难度较大。四是深化农村综合改革缺乏法治保障，农村资源变资产的渠道尚未打通。

三　有效衔接中存在长效产业的缺位

在推进脱贫攻坚战的过程中，部分地区往往急于完成贫困退出指标，在制定脱贫攻坚相关政策的过程中，往往缺乏系统思维和长远规划，无法有效且持续地执行已制定的发展目标、道路及措施，致使长效产业缺位。以产业扶贫为例，在脱贫攻坚进程中，已摸索出规模化和组织化经营主体带动"产业扶贫"的特色路径，在大部分省份，70%的资金被用于产业扶贫，是"五个一批"中带动脱贫人数最多的路径。产业扶贫一方面基于当地资源禀赋条件，扶持特色产业；另一方面建立新型经营主体与农户之间的联动发展机制，通过农民合作社、龙头企业、社会服务组织等新型经营主体有效带动当地农户增收。但囿于目标任务的阶段性和紧迫性，不少产业扶贫项目没有建好长效发展机制。首先，脱贫攻坚以在2020年底消除绝对贫困为目标，各地区在选择扶贫产业时，倾向于选择短期扶贫效果显著的产业，这种带有特定指向性的扶贫产业选择方式，容易忽视当地更具比较优势的产业发展。其次，产业短期扶贫效果显著不一定能保障其长效发展。新产业的形成与发展本身需要大量的要素和资金投入，培育周期较长，而贫困地区产业发展往往缺乏历史经验，产业结构单一，面临较大的

市场风险。这类产业在前期投入较多而后续保障不足的情况下，往往不具备独立面对长期市场竞争的能力。最后，脱贫攻坚更多关注产业的经济功能及其带动农户增收的能力，而忽略其生态、生活以及文化等其他多方面的功能。事实上，随着经济的进一步发展，城市化进入新阶段，人们的生活水平提高，乡村价值会再现和提升，农业中除农产品生产功能以外的其他几大功能的重要性将随之展现，农业产业链的建设和环节的拓展，不能忽视农业的多功能性，要注意融入农村各种生产要素，形成乡村产业体系，以带动乡村的长效发展。

四　有效衔接中存在小农户的缺位

目前我国正处于农业转型关键时期，农业经营内容突破了传统的"旧农业"模式，正在向参与主体更多、要素更先进、产品附加值更高的"新农业"转化，同时，各种形式的规模化新型经营主体正在逐步兴起，极大地提高了农业生产经营的效率和收益。但是在农业转型推进、规模经营扩张的背景下，云南省现有农户尤其是小农户的数量依然庞大。这意味着小农户仍然是我国农业生产经营的主体，家庭小规模经营的模式将长期存续。目前小农这一群体面临小农帮扶缺位和小农参与缺位的双重主体地位缺失问题。

一是在农业生产经营方面，虽然脱贫攻坚针对小农这一特殊群体，已形成了产业扶贫尤其是多样化小农扶贫的模式，但产业发展集中化和标准化的要求与小农户生产资源的多样性和分散性相矛盾，导致产业扶贫的福利覆盖存在盲点，对部分小农难以形成高效帮扶，小农也难以有效参与产业发展建设。另外，小规模农户经营与现代农业规模化经营的发展存在矛盾，资本密集型、技术密集型的规模化现代农业也对小农经济产生了排斥。这些年来，政府的农业政策明显倾向于支持农村土地流转和规模经营，在推进"三权"分置的基础上，实现多种类型的规模经营，加快农业的现代化进程。然而，规模化、资本密集型、技术密集型的经营方式在提高经营者规模效率的同时，也挤压了小农的生存空间，迫使部分小农退出农业生产，变成所谓的"农业剩余劳动力"，小农出路成为难以解决的问题。

二是在乡村发展与建设方面，小农不仅是乡村基层自治组织建设、维系农村社会稳定的重要主体，也是保护乡土文化和生态环境的核心力量。但目前我国小农却面临主体地位缺失的困境。首先，城镇化的推进吸引了大量农村青壮年劳动力外流，异地化的生活和工作在降低外出务工农民与乡村故土关联度的同时，也导致乡村人际关系疏离，在人际关系基础上建立的公共权威随之失效，阻碍了乡村基层自治组织的建设，进而弱化了乡村基层自治能力。其次，青壮年劳动力流失，导致留守乡村的主要是受教育程度相对较低、年龄相对较大的农民，这些农民自主参与村庄建设的能力较弱，难以为乡村建设注入新的活力，在新阶段的乡村建设中逐渐边缘化。最后，小农分散化经营的特征决定了小农难以与市场、政府有效对接，这是国家农业生态环境治理中小农缺位的重要原因，一方面，小农户无法有效对接市场，导致绿色生态农产品优质高价的市场机制失灵，难以激励小农从事绿色生态农产品生产。另一方面，小农户难以有效对接政府，导致国家绿色生态农业技术和科学种植理念在小农生产中的推广举步维艰。以上这些问题意味着，在小农长期存在的国情下，亟须探索新的小农帮扶和小农发展模式，弥补小农主体的缺位，推进包括脱贫农户在内的小农户和"新农业"有机衔接。

云南巩固拓展脱贫攻坚成果与乡村振兴有效衔接：对策与建议

第一节　云南巩固拓展脱贫攻坚成果与乡村振兴有效衔接的原则与思路

云南巩固拓展脱贫攻坚成果与乡村振兴的有效衔接，要以脱贫攻坚在产业、生态、组织、文化和人才等方面取得的成效为基础，推动统筹干部配置、要素配置、资金投入、公共服务向农业、农村倾斜，做好工作力度、体制机制、产业发展、政策措施、工作队伍与人才、各类规划的衔接，全面实现乡村振兴，实现农村"产业兴旺、生态宜居、乡风文明、治理有效、生活富裕"的目标，让农业成为有奔头的产业，让农民成为有吸引力的职业，让农村成为安居乐业的美丽家园。

一　有效衔接的原则

一要坚持党的全面领导。坚持中央统筹、省负总责、市县乡抓落实的工作机制，充分发挥各级党委总揽全局、协调各方的领导作用，省市县乡村五级书记抓巩固脱贫攻坚成果和乡村振兴。总结脱贫攻坚经验，发挥脱贫攻坚体制机制作用。

二要始终坚持精准思维。脱贫攻坚的成效证明了精准扶贫的科学性，在有效衔接过程中，要将"精准"原则贯穿脱贫攻坚和乡村振兴的始终，以习近平总书记关于扶贫工作和实施乡村振兴战略的重要论述为指导，坚持精准衔接、分类施策，进一步巩固脱贫攻坚成果，推动乡村全面振兴。

三要坚持分阶段有序推进。2020 年之前，以脱贫攻坚夯实乡村振兴基础，将"产业兴旺、生态宜居、乡风文明、治理有效、生活富裕"的乡村振兴战略总要求融入具体的脱贫攻坚行动。2020 年以后，以乡村振兴引领扶贫工作，为巩固提升脱贫成果提供新要求、新动力和新保障。

四要坚持分地区逐步推进。由于不同地区在自然禀赋和经济社会发展基础等方面存在差距，脱贫攻坚的进度和质量各不相同。因此，应当坚持因地制宜、分类推进的原则，针对地区、乡村发展基础和阶段的差异性，先行先试，逐步完成有机衔接。

五要坚持有序调整、平稳过渡。过渡期内在巩固拓展脱贫攻坚成果上下更大功夫、想更多办法，给予更多后续帮扶支持，对脱贫县、脱贫村、脱贫人口扶上马送一程，确保脱贫群众不返贫。在主要帮扶政策保持总体稳定的基础上，分类优化调整，合理把握，调整节奏力度和时限，增强脱贫稳定性。

六要坚持群众主体，激发内生动力。坚持扶志扶智相结合，防止政策养懒汉和泛福利化倾向，发挥奋进致富典型示范引领作用，激励有劳动能力的低收入人口勤劳致富。

七要坚持政府推动引导、社会市场协调同发力。坚持行政推动与市场机制有机结合，发挥集中力量办大事的优势，广泛动员社会力量参与，形成巩固拓展脱贫攻坚成果、全面推进乡村振兴的强大合力。

二 有效衔接的思路

脱贫摘帽不是终点，而是新生活、新奋斗的起点。打赢脱贫攻坚战，全面建成小康社会后，要在巩固拓展脱贫攻坚成果的基础上，做好乡村振兴这篇大文章，接续推进脱贫地区发展和群众生活改善。做好巩固拓展脱贫攻坚成果同乡村振兴有效衔接，关系到构建以国内大循环为主体，国内国际双循环相互促进的新发展格局，关系到全面建设社会主义现代化国家全局、实现现代化国家全局和实现第二个百年奋斗目标。全党务必站在践行初心使命、坚守社会主义本质要求的政治高度，充分认识实现巩固拓展脱贫攻坚成果同乡村振兴有效衔接的重要性、紧迫性，举全国之力，统筹安排、强力推进，让包括脱贫群众在内的广大人民过上更加美好的生活，朝着逐步实现全体人民共同富裕的目标继续推进，彰显党的根本宗旨和我国社会主义制度优势。

2020 年脱贫攻坚目标任务完成后，设立 5 年过渡期，与"十四五"规划相衔接。脱贫地区要根据形势变化，厘清工作思路，做好过渡期内领导体制、工作体系、发展规划、政策举措、考核机制等有效衔接，从以解决建档立卡贫困人口"两不愁三保障"为重点转向实现乡村产业兴旺、生态宜居、乡风文明、治理有效、生活富裕，从集中资源支持脱贫攻坚转向巩固拓展脱贫攻坚成果和全面推进乡村振兴。到 2025 年，脱贫攻坚成果巩固拓展，乡村振兴全面推进，脱贫地区经济活力和发展后劲明显增强，乡村产业效益和竞争力进一步提高，农村基础设施和基本公共服务水平进一步提升，生态环境继续改善，美丽宜居乡村建设扎实推进，乡风文明建设取得显著进展，农村基层组织建设不断加强，农村低收入人口分类帮扶长效机制逐步完善，脱贫地区农民收入增速高于全国农民平均水平。到 2035年，脱贫地区经济实力显著增强，乡村振兴取得重大进展，农村低收入人口生活水平显著提高，城乡差距进一步缩小，在促进全体人民共同富裕上取得更为明显的实质性进展。

第二节　云南巩固拓展脱贫攻坚成果与乡村振兴有效衔接的措施与建议

一　有效衔接的机制

要进一步巩固拓展脱贫攻坚成果，接续推动脱贫地区发展和乡村全面振兴，重中之重是要建立健全巩固拓展脱贫攻坚成果成效机制、健全农村低收入人口常态化帮扶机制。

（一）建立健全巩固拓展脱贫攻坚成果成效机制

一是保持主要帮扶政策总体稳定。过渡期内严格落实"四个不摘"要求，摘帽不摘责任，防止松劲懈怠；摘帽不摘政策，防止急刹车；摘帽不摘帮扶，防止一撤了之；摘帽不摘监管，防止贫困反弹。现有帮扶政策该延续的延续，该优化的优化，该调整的调整，确保政策连续性。兜底救助类政策要继续保持稳定。落实好教育、医疗、住房、饮水等民生保障普惠性政策，并根据脱贫人口实际困难给予适度倾斜。优化产业就业等发展类政策。脱贫攻坚期间给予贫困地区强化财政保障能力政策。要维持一段时间，并与全面推进乡村振兴加强衔接。

二是健全防止返贫动态监测和帮扶机制。对脱贫不稳定户、边缘易致贫户以及因病因灾因意外事故等刚性支出较大或收入大幅缩减导致基本生活出现严重困难户，开展定期检查、动态管理、重点监测其收入支出状况、"两不愁三保障"及饮水安全状况，合理确定监测标准。建立健全易返贫致贫人口快速发现和响应机制，分层分类及时纳入帮扶政策范围，实行动态清零。健全防止返贫大数据监测平台，加强相关部门、单位数据共享和对接，充分利用先进技术手段提升监测准确性，以国家脱贫攻坚普查结果为依据，进一步完善基础数据库。建立农户主动申请、部门信息比对、基层干部定期跟踪回访相结合的易返贫致贫人口发现和核查机制，实施帮扶对象动态管理，坚持预防性措施和事后帮扶相结合，精准分析返贫致贫原因，采取有针对性的帮扶措施。

三是巩固"两不愁三保障"成果。落实行业主管部门工作责任。健全控辍保学工作机制，确保除身体原因不具备学习条件，脱贫家庭义务教育阶段适龄儿童少年不失学辍学。有效防范因病返贫致贫风险，落实分类资助参保政策，做好脱贫人口参保动员工作。建立农村脱贫人口住房安全动态监测机制，通过农村危房改造等多种方式保障低收入人口基本住房安全，巩固维护好已建农村供水工程成果，不断提升农村供水保障水平。

四是做好易地扶贫搬迁后续扶持工作。要集合深度贫困地区、大型特大型安置区，从就业需要、产业发展和后续配套设施建设提升完善等方面加大扶持力度，完善后续扶持政策体系，持续巩固易地搬迁脱贫成果，确保搬迁群众稳得住、有就业、逐步能致富。提升安置区社区管理服务水平，建立关爱机制，促进社会融入。

五是加强扶贫项目资产管理和监督。分类摸清各类扶贫项目形成的资产底数。公益性资产要落实管护主体，明确管护责任，确保继续发挥作用。经营性资产要明晰产权关系，防止资产流失和被侵占，资产收益重点用于项目运行管护，巩固拓展脱贫攻坚成果、村级公益事业等。确权到农户或其他经营主体的扶贫资产，依法维护其财产权利，由其自主管理和运营。

（二）健全农村低收入人口常态化帮扶机制

一是加强农村低收入人口监测。以现有社会保障体系为基础，对农村低保对象、农村特困人员、农村易返贫致贫人口，以及因病因灾因意外事故等刚性支出较大或收入大幅缩减导致基本生活出现严重困难人口等农村低收入人口开展动态监测。充分利用民政、扶贫、教育、人力资源社会保障、住房城乡建设、医疗保障等政府部门现有数据平台，加强数据比对和信息共享，完善基层主动发现机制。健全多部门联动的风险预警、研判和处置机制，实现对农村低收入人口风险点的早发现和早帮扶。完善农村低收入人口定期检查和动态调整机制。

二是分层分类实施社会救助。完善最低生活保障制度，科学认定农村低保对象，提高政策精准性。调整优化针对原建档立卡贫困户的低保"单人户"政策。完善低保家庭收入财产认定方法，过渡期内中央确定的城乡居民基本养老保险基础养老金不计入低保收入。健全低保标准制定和动态调整机制。加大低保标准制定省级统筹力度。鼓励有劳动能力的农村低保对象参与就业，在计算家庭收入时扣减必要的就业成本。完善农村特困人员救助制度。合理提高救助供养水平和服务质量。完善残疾儿童康复救助制度，提高救助服务质量。加强社会救助资源统筹，根据对象类型、困难程度等，及时有针对性地给予困难群众医疗、教育、住房、就业等专项救助，做到精准识别、应救尽救。对基本生活陷入暂时困难的群众加强临时救助，做到凡困必帮、有难必救。鼓励通过政府购买服务对社会救助家庭中生活不能自理的老人、未成年人、残疾人等提供必要的访视、照料服务。

三是合理确定农村医疗保障待遇水平。坚持基本标准，统筹发挥基本医疗保险、大病保险、医疗救助三重保障制度综合梯次减负功能。完善城乡居民基本医疗保险参保个人缴费资助政策，继续全额资助农村特困人员，定额资助低保对象，过渡期内逐步调整脱贫人口资助政策。在逐步提高大病保障水平基础上，大病保险继续对低保对象、特困人员和易返贫致贫人口进行倾斜支付。进一步夯实医疗救助托底保障，合理设定年度救助限额，合理控制救助对象政策范围内自付费用比例。分阶段、分对象、分类别调整脱贫攻坚期超常规保障措施，过渡期内不属于低保对象、特困人员和易返贫致贫人口的人口，逐步转为按规定享受基本医疗保险待遇；将脱贫攻坚期地方自行开展的其他医疗保障措施资金统一并入医疗救助基金，取消不可持续的过度保障措施。重点加大医疗救助资金投入力度，倾斜支持乡村振兴重点帮扶县。

四是完善养老保障和儿童关爱服务。完善城乡居民基本养老保险费代缴政策，地方政府结合当地实际情况，按照最低缴费档次为参加城乡居民养老保险的低保对象、特困人员、易返贫致贫人口、重度残疾人等缴费困难群体代缴部分或全部保费。在提高城乡居民养老保险缴费档次时，对上述困难群众和其他已脱贫人口可保留现行最低缴费档次。强化县乡两级养老机构对失能、部分失能特困老年人口的兜底保障，加大对孤儿、事实无人抚养儿童等保障力度。加强残疾人托养照护、康复服务。

五是织密兜牢丧失劳动能力人口基本生活保障网。对脱贫人口中完全丧失劳动能力或部分丧失劳动能力且无法通过产业就业获得稳定收入的人口，要按照规定纳入农村低保或特困人员救助供养范围，并按困难类型及时给予专项救助、临时救助等，做到应保尽保、应兜尽兜。

二　有效衔接的工作

一是支持脱贫地区乡村特色产业发展壮大。目前，云南很多贫困地区主要是通过发展种植业、养殖业、手工业等传统产业来增加农民收入、促进贫困人口稳定就业，取得了较好的效果。不少贫困地区探索并形成了初步的产业规模，孕育出摆脱贫困的新动能。从短期来看，发展就业门槛低、增收见效快的传统产业，能够较快地实现贫困地区的脱贫目标。但从长远来看，要想在脱贫的基础上进一步实现乡村振兴，就必须实现农业产业的现代化发展。这就意味着，云南省贫困地区的产业发展要从简单的产业扶贫模式转换到产业兴旺的思路上来，通过优化产业结构、延伸产业链条，进一步激发乡村发展的活力，巩固农村发展成果。这不仅有利于拓宽农民增收渠道，促进农村劳动力转移就业，彻底摆脱农民增收、创收后劲不足导致的返贫现象，而且能够推动贫困地区产业迈向高质量发展，接续推动农村经济社会发展和群众生活改善。

习近平总书记指出，要推动农业农村经济适应市场需求变化、加快优化升级、促进产业融合。① 加快产业发展，首先，了解、熟悉、掌握市场需求，根据市场需求适时调配资源、制定产业发展战略，不断延伸农业产业链、价值链，培养附加值高、抗风险能力强的富有竞争力的产业。其次，全方位、多维度地统筹布局，在产业配置上实现长效主导产业和短效特色产业间精准有序衔接。最后，逐步促进第一、二、三产业融合发展，培育农业农村发展新动能，壮大乡村特色产业，努力走出一条人无我有、科学发展、符合自身实际的道路。

在做好产业发展的衔接过程中，基于云南省的现实情况，避免贪大求全，盲目采取大规模农业、大机械作业的方式；充分考虑小规模农户和现代农业发展的关系，公平、协调推进。紧紧围绕农业经营效率提高这一宗旨，转变农业发展导向——由单纯考虑增产转向更加注重提质。注重产业后续长期培育，尊重市场规律和产业发展规律，提高产业市场竞争力和抗风险能力。以脱贫县为单位规划发展乡村特色产业，实施特色种养业提升行动，完善全产业链支持措施。加快脱贫地区农产品和食品仓储保鲜、冷链物流设施建设。支持农产品流通企业、电商、批发市场与区域特色产业精准对接。现代农业产业园、科技园、产业融合发展示范园继续优先支持脱贫县。支持脱贫地区培育绿色食品、有机农产品、地理标志农产品，打造区域公用品牌，继续大力实施消费帮扶。在条件成熟的地区率先构建现代农业产业体系，实现农业高速度增产和高质量发展的充分结合。

---

① 马建堂主编《十年伟大飞跃》，人民出版社，2022，第55页。

二是促进脱贫人口稳定就业。搭建用工信息平台,培育区域劳务品牌,加大脱贫人口有组织劳务输出力度。支持脱贫地区在农村人居环境、小型水利、乡村道路、农田整治、水土保持、产业园区、林业草原基础设施等涉农项目建设和管护时广泛采取以工代赈方式,延续支持扶贫车间的优惠政策。过渡期内逐步调整优化生态护林员政策。统筹用好乡村公益岗位,健全按需设岗、以岗聘任、在岗领补、有序退岗的管理机制,过渡期内逐步调整优化公益岗位政策。

三是持续改善脱贫地区基础设施条件。继续加大对脱贫地区基础设施的支持力度,重点谋划建设一批高速公路、客货共线铁路、水利、电力、机场、通信网络等区域性和跨区域重大基础设施建设工程。按照实施乡村建设行动统一部署,支持脱贫地区因地制宜推进农村"厕所革命"、生活垃圾和污水治理、村容村貌提升。推进脱贫县"四好农村路"建设,推动交通项目更多向进村入户倾斜,因地制宜推进较大人口规模自然村(组)、抵边自然村通硬化路,加强通村公路和村内主干道连接,加大农村产业路、旅游路建设力度。加强脱贫地区农村防洪、灌溉等中小型水利工程建设。统筹推进脱贫地区县乡村三级物流体系建设,实施"快递进村"工程,支持脱贫地区电网建设和乡村电气化提升工程。

四是进一步提升脱贫地区公共服务水平。继续改善义务教育办学条件,加强乡村寄宿制学校和乡村小规模学校建设。加强脱贫地区职业院校(含技工院校)基础能力建设。继续实施家庭经济困难学生资助政策和农村义务教育学生营养改善计划。在脱贫地区普遍增加公费师范生培养供给,加强城乡教师合理流动和对口支援。过渡期内保持现有健康帮扶政策基本稳定,完善大病专项救治政策,优化高血压等慢性病签约服务,调整完善县域内先诊疗后付费政策。继续开展三级医院对口帮扶并建立长效机制,持续提升县级医疗能力。加大中央倾斜支持脱贫地区医疗卫生机构基础设施建设和设备配备力度,继续改善疾病预防控制机构条件。继续实施农村危房改造和地震高烈度设防地区危房抗震改造,逐步建立农村低收入人口住房安全保障长效机制。继续加强脱贫地区村级综合服务设施建设,提升为民服务能力和水平。

五是发展壮大人才队伍。工作队伍和人才是打赢脱贫攻坚战和推动乡村振兴战略的核心动能。习近平总书记曾强调，"人才振兴是乡村振兴的基础，要创新乡村人才工作体制机制，充分激发乡村现有人才活力，把更多城市人才引向乡村创新创业"①。因此，实现"激活存量"和"吸纳增量"，成为强化人才支撑、做好脱贫攻坚与乡村振兴工作队伍和人才衔接的关键。

包村干部、驻村工作队和第一书记等在脱贫攻坚阶段，为带领群众脱贫致富扮演了"领头羊"的角色，是攻克贫困的尖兵。脱贫攻坚任务如期完成后，按照保障重点、循序渐进的原则，他们将在巩固和扩大脱贫攻坚成果及谋划实施乡村振兴战略上继续发挥担重任、打硬仗的作用：一方面，在消除绝对贫困的基础上注重对相对贫困群体的日常性帮扶，减少和防止贫困人口返贫；②另一方面，结合乡村振兴战略的新要求，与时俱进地加强自身建设，让"雁阵效应"更加凸显。在持续激发以扶贫干部为主体的现有人才活力的基础上，创新乡村人才工作体制机制，积极开拓人才培养新路径，鼓励外出农民工、高校毕业生、退伍军人、城市各类人才返乡创新创业，培养造就一支懂农业、爱农村、爱农民的"三农"人才振兴队伍。

党的十九大报告明确提出了扶贫同扶志相结合的要求，将提升贫困人口脱贫攻坚的主动性、积极性、创造性摆在了更加突出的位置。打赢脱贫攻坚战和实施乡村振兴战略都需要强大的人才力量，仅仅依靠包村干部、驻村工作队、第一书记或是外来人才的一腔热情和身体力行，是远远不够的。农民个体或者群体发自内心的脱贫致富愿望和自发动力，直接决定脱贫攻坚和乡村振兴的最终成效。从脱贫攻坚到乡村振兴，应让广大农民群众切实感受到新时代农业农村发展带来的更高要求，大力开展农民职业教育，激发农民群众自我培养、自我奋进的内生动力。③

---

① 中共中央党史和文献研究院编《习近平关于"三农"工作论述摘编》，中央文献出版社，2019，第194页。
② 叶兴庆、殷浩栋：《从消除绝对贫困到缓解相对贫困：中国减贫历程与2020年后的减贫战略》，《改革》2019年第12期。
③ 杨静、杨向辉、张光源：《聚力脱贫攻坚和乡村振兴的有机衔接》，"中国共产党新闻网"百家号，2019年8月22日，https：//baijiahao.baidu.com/s？id=1642523729809068662&wfr=spider&for=pc。

三　有效衔接的力量

一是做好领导体制衔接。健全中央统筹、省负总责、市县乡抓落实的工作机制，构建责任清晰、各负其责、执行有力的乡村振兴领导体制，层层压实责任。充分发挥中央和地方各级党委农村工作领导小组作用，建立统一高效的实现巩固拓展脱贫攻坚成果同乡村振兴有效衔接的决策议事协调工作机制。

二是做好工作体系衔接。脱贫攻坚任务完成后，要及时做好巩固拓展脱贫攻坚成果同全国推进乡村振兴在工作力量、组织保障、规划实施、项目建设、要素保障方面的有机结合，做到一盘棋、一体化推进。持续加强脱贫村党组织建设，选好用好管好乡村振兴带头人。对巩固拓展脱贫攻坚成果和乡村振兴任务重的村，继续选派驻村第一书记和工作队，健全常态化驻村工作机制。

三是规划实施和项目建设衔接。将实现巩固拓展脱贫攻坚成果同乡村振兴有效衔接的重大举措纳入"十四五"规划。将脱贫地区巩固拓展脱贫攻坚成果和乡村振兴重大工程项目纳入"十四五"相关规划。科学编制"十四五"时期巩固拓展脱贫攻坚成果同乡村振兴有效衔接规划。

四是做好考核机制衔接。脱贫攻坚任务完成后，脱贫地区开展乡村振兴考核时要把巩固脱贫攻坚成果纳入市县党政领导班子和领导干部推进乡村振兴战略实绩考核范围。与高质量发展综合绩效评价做好衔接，科学设置考核指标，切实减轻基层负担，强化考核结果运用，将考核结果作为干部选拔任用、评先奖优、问责追责的重要参考。

四　有效衔接的政策

要完善和优化政策体系，促进相关政策向常规性、普惠性和长效性转变，为脱贫攻坚和乡村振兴衔接提供具体的指导方案和实施细则。一方面，要按照乡村振兴的目标要求，抓紧对现有扶贫政策进行梳理。适应从脱贫攻坚向乡村振兴的形势转变，分类确定需要取消的、接续的、完善的或强化的扶贫政策，注重总结梳理脱贫攻坚中成熟的理论成果、实践经验，用于完善乡村振兴政策体系、制度框架。另一方面，促进特惠性政策向常规性、普惠性政策转变。把临时性帮扶政策转成常态化支持政策，强化脱贫攻坚政策与农村社会保障政策的衔接，逐步将针对绝对贫困的脱贫攻坚举措调整为针对相对贫困的常规性社会保障措施。同时，均衡发展农村基础设施和教育、医疗等公共服务，避免"政策悬崖"问题的出现。

一是做好财政投入政策衔接。过渡期内在保持财政支持政策总体稳定的前提下，根据巩固拓展脱贫攻坚成果同乡村振兴有效衔接的需要和现有状况，合理安排财政投入规模，优化支出结构，调整支援重点。保留并调整优化原财政专项扶贫资金，聚焦支持脱贫地区巩固拓展脱贫攻坚成果和乡村振兴，适当向国家乡村振兴重点帮扶县倾斜，并逐步提高用于产业发展的比例。各地要用好城乡建设用地增减挂钩政策，统筹地方可支配财力，支持"十三五"易地扶贫搬迁融资资金偿还。对农村低收入人口的救助帮扶，通过现有资金支出渠道支持。过渡期前三年脱贫县继续实行涉农资金统筹整合试点政策，此后调整至国家乡村振兴重点帮扶县实施，其他地区探索建立涉农资金整合长效机制。确保以工代赈中央预算内投资落实到项目，及时足额发放劳务报酬。现有财政相关转移支付继续倾斜支持脱贫地区。对支持脱贫地区产业发展效果明显的贷款贴息、政府采购等政策，在调整优化基础上继续实施。过渡期内延续脱贫攻坚相关税收优惠政策。

二是做好金融服务政策衔接。继续发挥再贷款作用，现有再贷款帮扶政策在过渡期内保持不变。进一步完善针对脱贫人口的小额信贷政策。对有较大贷款资金需求、符合贷款条件的对象，鼓励其申请创业担保贷款政策支持。加大对脱贫地区优势特色产业信贷和保险支持力度。支持开发性金融和政策性金融在业务范围内为脱贫地区乡村振兴提供中长期信贷服务。鼓励各地因地制宜开发优势特色农产品保险。对脱贫地区继续实施企业上市"绿色通道"政策。探索农产品期货期权和农业保险联动。

三是做好土地支持政策衔接。坚持最严格耕地保护制度，强化耕地保护主体责任，严格控制非农建设占用耕地，坚决守住18亿亩耕地红线。以国土空间规划为依据，按照应保尽保原则，新增建设用地计划指标优先保障巩固拓展脱贫攻坚成果和乡村振兴用地需要，过渡期内专项安排脱贫县年度新增建设用地计划指标，专项指标不得挪用；原深度贫困地区计划指标不足的，由所在省份协调解决。过渡期内，对脱贫地区继续实施城乡建设用地增减挂钩节余指标省内交易政策；在东西部协作和对口支援框架下，对现行政策进行调整完善，继续开展增减挂钩节余指标跨省调剂。

四是做好人才智力支持政策衔接。延续脱贫攻坚期间各项人才智力支持政策，建立健全引导各类人才服务乡村振兴长效机制，继续实施农村义务教育阶段教师特岗计划、中小学幼儿园教师国家级培训计划、银龄讲学计划、乡村教师生活补助政策，优先满足脱贫地区对高素质教师的补充需求。继续实施高校毕业生"三支一扶"计划，继续实施重点高校定向招生专项计划。全科医生特岗计划和农村订单定向医学生免费培养计划优先向中西部地区倾斜。在国家乡村振兴重点帮扶县对农业科技推广人员探索"县管乡用、下沉到村"的新机制。继续支持脱贫户"两后生"接受职业教育，并按规定给予相应资助。适当放宽乡村振兴重点帮扶县基层公务员和事业单位工作人员（招聘）条件，可根据实际需要拿出一定数量的职位（岗位）面向本县市或者周边县市户籍人员退役士兵招录（招聘）。继续在待遇、职称等方面实施特殊倾斜政策。鼓励和引导各方面人才向国家乡村振兴重点帮扶县基层流动。

五　有效衔接的统筹

（一）统筹干部配置

一是坚持农村基层党组织领导地位，加强基层党组织建设，加强带头人队伍建设。

二是省级机关和市、县、乡、村要互派优秀干部挂职任职，把到农村一线锻炼作为培养干部的重要途径，注重提拔、使用实绩优秀的基层干部。精心挑选政治坚定、能力突出、作风过硬的后备干部及业务骨干，特别是把党性原则强、熟悉农村情况、善抓党建又懂经济的干部优先配备到农村。

三是在脱贫攻坚与乡村振兴统筹干部配置过程中，要从考察识别、建立机制、结果运用、组织保障等方面制定政策,[①] 激励干部在脱贫攻坚和乡村振兴一线拼搏实干、建功立业。

明确考察内容。突出考察干部政治表现,全面考察干部工作实绩,以推进脱贫攻坚、实施乡村振兴战略的实际成效评判干部工作成绩。深入考察干部工作作风,了解干部是否严格遵守各项管理规定和工作制度、主动解决脱贫攻坚和乡村振兴工作中存在的突出问题。注重考察干部廉政情况。

健全考察机制。完善年度考核、任职期满考核制度,强化日常考察,通过随机抽查、走访群众、座谈了解、听取汇报等多种方式,对干部在发展乡村特色产业、农村人居环境整治等重大任务、专项工作中的表现进行研判,将优秀干部及时纳入组织视野。

强化结果运用。将干部在脱贫攻坚和乡村振兴一线的表现作为选拔任用、招录公务员、评比表彰、调整问责的重要依据,对工作出色、表现优秀的干部,同等条件下优先提拔或重用,特别突出的给予破格提拔。在考核中评定为优秀的非国家机关工作人员,招录公务员时,可适当放宽条件。

加强组织保障。严格落实"三个区分开来"要求,让干部放下包袱、轻装上阵。适当提高脱贫攻坚、乡村振兴一线干部在各类评比中的名额比例,对取得突出成绩的干部给予精神鼓励和物质奖励,加强关心与支持,力所能及地帮助解决实际困难,解除干部后顾之忧。明确基层干部提拔使用、调动年限,确保干部队伍稳定。

（二）统筹要素配置

实现农业农村优先发展、乡村振兴,必须强化制度性供给,扭转生产要素单向流动趋势,推动更多的资源要素配置到农村去,在具体工作中需要把"人、地、钱、业"等方面工作做实做细做好。[②]

[①] 周小清、苏雷光:《海南在脱贫攻坚和乡村振兴一线考准干部 突出政治表现 强化日常考察》,中国共产党新闻网,2019年5月20日,http://dangjian.people.com.cn/n1/2019/0520/c117092-31093705.html。

[②] 高莉娟:《统筹衔接脱贫攻坚与乡村振兴》,《江西日报》2019年5月27日。

一是要做好统筹"人"尽其才,全面建立职业农民制度,实施新型职业农民培育工程,优化农业从业者结构。加强农村专业人才队伍建设,大力培育农业科技、科普人才,深化农业系列职称制度改革,建立高等院校、科研院所等事业单位专业技术人员到乡村和企业挂职、兼职和离岗创新创业制度。建立健全激励机制,研究制定完善相关政策措施和管理办法,鼓励社会人才投身乡村建设。

二是要做好统筹"地"尽其用,健全农村土地管理制度,完善农村新增用地保障机制,盘活农村存量建设用地,在守住底线前提下,充分发挥市场机制配置土地资源的作用。

三是要做好统筹"钱"尽其效,打捆包括扶贫资金在内涉农资金集成使用,继续坚持财政优先保障,坚持土地收入用于乡村振兴,撬动金融和社会资本投向农村,加快形成财政优先保障、金融重点倾斜、社会积极参与的多元投入格局。

四是要做好统筹"业"尽其功,围绕打造世界一流"绿色食品牌",转变发展方式,促进第一、二、三产业融合发展,调整优化农业产业结构,夯实生产能力基础,强化科技支撑和服务平台建设,拓展农民外出就业和就地就近就业空间,引领支撑农业转型升级和提质增效。[①]

(三) 统筹资金投入

建立健全实施脱贫攻坚与乡村振兴的财政投入统筹保障制度,公共财政更应大力度向"三农"倾斜。一是强化资金"整合",发挥规划的统筹引领作用,把脱贫攻坚、公共事业发展和涉农资金等多方投入统筹起来,充分发挥资金整合规模合力效益。二是强化资金"撬动",发挥财政资金的杠杆作用,引导金融和社会资本更多地投向扶贫和乡村振兴事业。[②]

(四) 统筹公共服务

一是加快补齐公共服务的"短板",在公共服务上优先安排,重点

---

① 《云南省乡村振兴战略规划 (2018—2022 年)》,云南省人民政府网站,2019 年 2 月 11 日,http://www.yn.gov.cn/zwgk/zcwj/swwj/202104/t20210413_220385.html。
② 《云南省乡村振兴战略规划 (2018—2022 年)》,云南省人民政府网站,2019 年 2 月 11 日,http://www.yn.gov.cn/zwgk/zcwj/swwj/202104/t20210413_220385.html。

要加大投入力度，解决农村的水、电、路等基础设施建设普遍滞后等方面的问题。二是加大对教育、医疗的投入力度，将公共服务领域对贫困户的特殊扶持政策，拓展为乡村居民能够同等享受的普惠性政策，提升乡村基本公共服务均等化水平。三是坚持以满足广大农民的美好文化需求为目标，以农村文化产品供给侧结构性改革为抓手，持续加强农村文化阵地建设，探索适合农村的文化载体和内容，提供更多更好农村公共文化产品和服务。

知识链接

把握逻辑关系　探索实施路径　实现有效衔接

党的十九届五中全会提出，坚持把解决好"三农"问题作为全党工作重中之重，全面实施乡村振兴战略，实现巩固拓展脱贫攻坚成果同乡村振兴有效衔接，加快农业农村现代化。习近平总书记在中央农村工作会议上强调，脱贫攻坚取得胜利后，要全面推进乡村振兴，这是"三农"工作重心的历史性转移。贯彻落实全会和中央农村工作会议精神，全面推进乡村振兴，必须正确认识脱贫攻坚与乡村振兴的逻辑关系，探索巩固拓展脱贫攻坚成果同乡村振兴有效衔接的路径，推动乡村振兴战略顺利实施，把美丽蓝图变成农业农村现代化的现实图景。

脱贫攻坚同乡村振兴的逻辑关系

脱贫攻坚是乡村振兴的先决前提。习近平总书记指出，脱贫摘帽不是终点，而是新生活、新奋斗的起点。打赢脱贫攻坚战的目的是使贫困地区和贫困群众摆脱绝对贫困状态，满足基本生存和发展需求，解决乡村振兴中最迫切需要解决的问题。我国已历史性地解决绝对贫困问题，但相对贫困仍然存在，这是我们"三农"工作的又一个新起点。乡村振兴绝不是重新开始，而是在脱贫攻坚战取得的成果上继续推进，只有全面消除绝对贫困，彻底解决"两不愁三保障"问题，使人的基本需求得到满足，乡村振兴战略才能全面实施。

乡村振兴为脱贫攻坚提供后续支持。乡村振兴目的是巩固拓展脱贫攻坚成果，建立有效解决乡村贫困问题的长效机制，是对脱贫攻坚乘势而上、顺势而为的重大战略举措。乡村振兴战略设立的"产业兴旺、生态宜居、乡风文明、治理有效、生活富裕"总要求，就是要加快推进乡村产业、人才、文化、生态、组织等全面振兴，让包括脱贫群众在内的广大人民过上更加美好的生活，朝着逐步实现共同富裕的目标继续前进，彰显党的根本宗旨和我国社会主义制度优势，为全面建设社会主义现代化国家开好局、起好步奠定坚实基础。

脱贫攻坚同乡村振兴有效衔接的路径选择

保持工作力度有效衔接。一要建立必要的乡村振兴帮扶机制，解决乡村自身难以解决的困难和问题，全面调动基层组织和广大群众的积极性。二要做好"大扶贫"格局与"大振兴"格局的衔接。严格落实帮扶单位从带动脱贫转变为带动振兴的责任机制，整合扶贫、民政、农业等对口资源、发挥部门优势，凝聚社会力量，不断拓展社会参与乡村振兴领域。三要统筹帮扶力量，打破地域限制，连片整体推进，使乡村振兴在"党政牵头、乡村自主，干部帮扶、群众参与"中凝聚合力、夯实基础、加速推进。

推进帮扶政策有效衔接。政策衔接要完善和优化政策体系，促进相关政策向常规性、普惠性和长效性转变。一是关于现有政策的衔接，保持主要帮扶政策总体稳定，同时按照乡村振兴的目标要求，抓紧对现有扶贫政策进行梳理，适应从脱贫攻坚向乡村振兴的形势转变，分类确定需要取消的、接续的、完善的或强化的帮扶政策，注重总结梳理脱贫攻坚中成熟的理论成果、实践经验，用于完善乡村振兴政策体系、制度框架。二是关于脱贫攻坚相关举措与乡村振兴相关政策的衔接，把临时性帮扶政策调整为常态化支持政策，逐步将针对绝对贫困的脱贫攻坚举措调整为针对相对贫困的常规性社会保障措施。同时均衡发展农村基础设施和教育、医疗等公共服务，避免"政策悬崖"问题的出现。三是关于改革措施的衔接，加快推进农村土地制度、集体产权制度等改革，有效破除制度弊端，盘活农村资源、资产，激发农村发展活力。

实现体制机制有效衔接。一是借鉴脱贫攻坚成功经验，实行"中央统筹、省负总责、市县乡抓落实"工作体制机制，强化"五级书记"抓乡村振兴的制度保障，抓紧研究出台责任落实、组织保障、工作推进、考核评价等方面的具体政策。二是适时调整优化各级乡村振兴的协调机制，指导脱贫地区逐步将工作重心转移到乡村振兴上来。三是完善落实项目衔接机制，科学研判脱贫攻坚项目中需要延续和升级的内容，纳入乡村振兴的项目规划。四是落实考核评价机制，在乡村振兴初期，应借鉴脱贫攻坚过程中形成的较为成熟的评价机制，研究建立合理的阶段性考核指标体系。

确保产业融合发展有效衔接。一要发展现代农业。引导农户成立专业合作社，延长农产品产业链、价值链，实现种植、生产、加工、销售一体化，提高农业附加值；立足资源优势，以市场为导向，大力发展特色种养业、农村服务业；挖掘农村生态休闲、观光旅游潜力，努力打造集观光体验、休闲娱乐、康体健身、科普教育、农业文化展示、农产品展销、餐饮住宿功能于一体的大型生态农业休闲园区。二要全方位、多维度统筹布局，在产业配置上实现长效主导产业和短效特色产业间精准有序衔接。三要逐步促进第一、二、三产业融合发展，培育农业农村发展新动能，壮大乡村特色产业，努力走出一条人无我有、科学发展、符合自身实际的道路。

做好人才队伍有效衔接。习近平总书记强调，人才振兴是乡村振兴的基础，要创新乡村人才工作体制机制，充分激发乡村现有人才活力，把更多城市人才引向乡村创新创业。首先，要将提升贫困人口发展的积极性、主动性、创造性摆在更加突出的位置。贫困群众既是脱贫攻坚的对象，也是乡村振兴的主体。不管是在脱贫攻坚中还是在乡村振兴中，贫困群众的主体地位不容忽视，凡事不能大包大揽、包办代替。要做好贫困群众的思想引导工作，让其主动参与到脱贫致富的伟大实践中来，真正成为社会物质财富和精神财富的创造者。其次，要选优配强乡镇领导班子、村"两委"成员特别是村党支部书记。要建设一支政治过硬、本领过硬、作风过硬的乡村振兴干部队伍，选派一批优秀干部到乡村振兴一线岗位，把乡村振兴作为培养锻炼干部的广阔舞台。最后，要加大政策支持力度，大力开展新型农业技术培训，增派科技人员指导现代化农业，培育造就一支懂农业、爱农村、爱农民的乡村振兴人才队伍。

保证生态文明建设有效衔接。推进农村人居环境整治和生态文明建设，既能进一步提升农村环境质量，又能为推动乡村振兴的纵深发展积蓄新力量。一要抓好生态观念的衔接。生态振兴要继续以"两山"理念为指导，将生态振兴与产业振兴融合起来，推动生态资源向资产与资金有序转化，源源不断地将绿水青山转化为金山银山，实现生态保护与经济发展"双赢"。二要抓好生态方式的衔接。在脱贫攻坚中保护好生态环境，要在乡村振兴中转化为推进绿色发展的新动能，要深入推进"厕所革命""垃圾革命"，坚持以绿色发展引领乡村振兴，探索政府主导、企业和社会各界参与、市场化运作、可持续的生态产品价值实现路径。三要抓好生态方法实施的衔接。采取法律方式保证绿色发展和环境保护政策落地落实，通过立法保护乡村整体环境。

案例链接 1

昆明市宜良县九乡彝族回族乡
巩固拓展脱贫攻坚成果与乡村振兴有效衔接示范乡方案

一、总体要求

（一）指导思想

以习近平新时代中国特色社会主义思想为指导，深入学习贯彻党的十九大和十九届二中、三中、四中、五中全会以及习近平总书记考察云南重要讲话精神，认真贯彻落实党中央关于决胜脱贫攻坚和实施乡村振兴战略的决策部署，和习近平总书记关于"三农"工作、扶贫工作重要论述，深刻把握脱贫攻坚与乡村振兴的内在联系，全力巩固提升脱贫成效，全面落实省委农村工作会议精神，推进脱贫攻坚同乡村振兴有效衔接，努力形成脱贫攻坚和乡村振兴战略相互支撑、相互配合、有效衔接、深度融合的良好局面。

（二）基本原则

坚持党的领导。坚持用习近平总书记关于"三农"工作和扶贫工作的重要论述统领脱贫攻坚与乡村振兴工作，认真落实五级书记抓脱贫攻坚和乡村振兴工作要求，充分发挥各级党委总揽全局、协调各方的作用，为脱贫攻坚与乡村振兴有效衔接提供政治保证。

坚持优先发展。加大对农业农村发展的支持力度，认真落实"干部配置、要素资源、财政资金、公共服务"四个优先要求，推动城乡要素资源双向流动，促进脱贫攻坚与乡村振兴深度融合。

坚持改革创新。以农村集体产权制度、农村宅基地改革等为重点深化农村综合改革，加快推进农村产权制度改革进程，完善土地产权交易服务机制，充分激发主体、市场、要素等活力。

坚持统筹推进。统筹衔接脱贫攻坚与乡村振兴，衔接期内，示范县重点任务是推进新型城镇化和乡村振兴"双轮"驱动，促进城乡全面融合、乡村全面振兴。确保市级示范乡镇重点任务"在巩固脱贫攻坚成效的基础上，全面推进乡村振兴战略"按时按质完成。

坚持生态保护。牢固树立绿水青山就是金山银山的理念，落实节约优先、保护优先、自然恢复为主的方针，守住生态红线。统筹山、水、林、田、湖、草系统治理，加快转变生产生活方式，加强农村人居环境治理，打造生态宜居的美丽乡村。

坚持群众主体。坚持扶贫与扶志、扶智相结合，加强教育引导，切实发挥农民的主体作用，培育农村群众依靠自力更生实现增收致富的意识，提高农村群众的自我发展能力，增强农村发展动力和发展能力。

二、创建目标

按照"稳脱贫、抓示范、促提升"的工作思路，开展"1+1+2+8"示范创建，即围绕打造全县1个巩固拓展脱贫攻坚成果与乡村振兴有效衔接示范乡的目标，在全乡引领建设1个市级都市驱动型乡村振兴创新实验区，争取创建2个市级乡村振兴产业园区，打造8个市级乡村振兴自然村的培育行动计划，聚焦"两不愁三保障"巩固提升脱贫成效，不断健全城乡融合发展的体制机制和政策体系，推动城乡资源要素双向流动，确保示范创建取得成效。

三、具体措施

（一）推进"两不愁三保障"与公共服务提升衔接示范，巩固脱贫攻坚成效

坚决打好"稳脱贫"巩固战，在认真落实好"两不愁三保障"的基础上，持续巩固提升农村危房改造、饮水安全、教育、医疗保障等工作成果，支持全乡在水、电、路等基础设施和教育、医疗、权益保障等基本公共服务方面加快补齐短板，完善易地扶贫搬迁配套，巩固提升搬迁成效。突出规划引领，加强巩固脱贫攻坚计划与乡村振兴规划的衔接，编制九乡乡乡村振兴规划或工作方案，做到计划规划有效衔接。加强计划规划的落实，严格按照方案开展示范创建工作。

（二）推进产业扶贫与产业振兴衔接示范，培育乡村特色产业

坚持长短结合的发展思路，推动扶贫产业由以特色种养业为主向以第二、三产业为牵引的长效产业发展转变，促进产业扶贫向产业振兴转向。围绕打造"绿色食品牌"，聚焦九乡乡农业主导产业、特色农业产品，强化农业品牌培育，打造"一乡一特""一村一品"。完善农业经营主体与农户的利益联结机制，积极推广"龙头企业+合作社+农户"的组织模式，大力培育种养大户、家庭农场、农民专业合作社等新型农业经营主体。积极发展农产品产地初加工、精深加工以及建设特色优势农产品生产基地冷链设施。充分利用资源禀赋，加快发展休闲农业、生态旅游等，推动第一、二、三产业融合发展。探索电商助力农产品销售和农业产业发展新模式，提升九乡乡农产品品牌影响力。加大消费扶贫支持乡村振兴的力度，对九乡乡特色、主导农产品开展扶贫产品认定，对认定为扶贫产品的，优先纳入消费扶贫范围帮助销售。创新收益分享模式，健全联农带农有效激励机制，努力实现产业融合发展的增值收益留在乡村、惠及农民。到2022年，九乡乡孵化和打造1个特色产业基地。深入实施村级集体经济强村工程，全面消除5万元以下的村级集体经济"薄弱村"，发展壮大一批村级集体经济强村，在全乡探索开展农村闲置宅基地和农房处置盘活机制，以宜良县入选全国第二批宅基地改革试点为契机，打造3个县级试点村、5个乡级示范村，多形式增加村集体经济收入。

（三）推进扶志扶智与人才振兴衔接示范，会聚人才助力乡村发展

坚持"富脑袋"和"富口袋"并重，加强扶贫与扶志、扶智相结合，持续开展脱贫攻坚干部培训，增强其巩固脱贫成果、促进乡村振兴的能力。加强农村劳动力技能培训，重点加强农村实用人才带头人、致富带头人、高素质农民、农业科技推广人才、农村专业服务型人才"五支队伍"建设，建成 1 家农业科技服务站，至少建立 1 支农业专业服务型人才队伍。高质量推进"百企万岗"入昆计划和"百千万"劳动力转移工程，对有就业意愿的群众开展"一对一"帮扶，确保有意愿的困难劳动力家庭每户至少有 1 人稳定就业。以大学生、进城务工人员、退伍军人、种养大户等回乡创业群体为重点，实施乡村经营管理人才培育工程，培育一批有文化、懂技术、善经营、会管理的新农人；吸引支持企业家、党政干部、专家学者、技术人才等群体通过下乡担任志愿者、回乡治村养老、包村包项目、法律服务、教育帮扶等方式，促进市民下乡、能人回乡和企业兴乡，培育乡村振兴"新乡贤""新村民"。

（四）推进生态扶贫与生态振兴衔接示范，推动乡村绿色发展

巩固农村人居环境整治成果，持续推进农村生活垃圾、生活污水和农村"厕所革命"，在九乡乡探索开展农村垃圾分类工作，以乡镇所在地和中心村为重点全面推进农村生活污水收集处理，因地制宜选择适宜的技术和改厕模式。2022 年，九乡乡集镇及行政村生活垃圾收集转运设施实现全覆盖，农村生活垃圾实现 100% 收集处理，农村生活污水治理率达到 60%以上，农户建有卫生厕所比率达到 90% 以上。通过设置保洁员、河道治理员等公益性岗位推进农村人居环境整治。深入挖掘农业农村的生态资源价值，大力发展休闲观光、文化体验、健康养老等产业，构建生态型、多元化、高效益的产业发展新模式。

（五）推进素质提升与文化振兴衔接示范，繁荣发展乡村文化

加强九乡乡基层综合性文化服务中心、公共数字文化、数字广播电视户户通等建设，建好管好用好乡镇文化站、农家书屋、村广播室、文化活动室、村史室。加大乡村优秀传统文化、农耕文化的挖掘整理和保护传承力度，开发具有地域特色和民族特点的文化产品，促进乡村传统文化与乡村旅游深度融合。开展社会主义核心价值观进农村行动，不断提高社会主义核心价值观的普及率和知晓率。开展农村精神文明创建行动，创建一批文明村镇、星级文明户、文明集市。开展移风易俗、弘扬时代新风行动，培育文明乡风、良好家风、淳朴民风。持续开展并丰富"自强、诚信、感恩"主题实践活动,激发农民群众参与脱贫攻坚成效巩固和乡村振兴的内生动力。

(六) 推进阵地建设与组织振兴衔接示范,健全乡村治理体系

充分发挥基层党组织战斗堡垒作用和党员先锋模范作用,加强九乡乡基层党组织带头人和党员队伍建设。以"整县提升、整乡推进、百村示范、千组晋位"四级联创为抓手,深入推进九乡乡基层党组织规范化建设达标创建活动,创建一批示范支部和达标支部。深化拓展"四议两公开""一事一议"等,丰富村民议事协商形式。创新开展乡村治理积分制,在九乡乡建设一批乡村治理示范基地。加强乡村普法教育宣传,深入开展民主法治示范村创建活动。探索乡村社会治理综合服务管理平台整合途径,创建一批网格化服务管理示范村,打造网格化服务管理示范点,提升九乡乡的智慧管理和政务服务水平。

案例链接 2

九乡乡麦地冲村都市驱动型乡村振兴创新实验方案

一、总体思路

九乡乡麦地冲村以"归园田居、七彩梦乡"为主题,以乡村振兴实验区政策推动为基础,通过政策与机制创新,在产业增值收益留村哺农、乡村生态价值实现、乡村特色文化传承保护、盘活乡村闲置资产、新农人群体培育、乡村治理能力有效提升、涉农资金村级统筹整合机制等方面进行尝试与探索。坚持以农旅融合、文旅共生、三产融合的乡村振兴产业发展思路为主导,充分运用农村综合改革成果,创新农村普惠金融体系,组建不同类型"合作体",创新推进"三变"改革,创建"三亲"教育生态村,把生产要素整合、乡风文明建设贯穿始终,最终把麦地冲村建设成集创意农业、休闲旅游、文旅融合于一体的省级美丽乡村,创建为云南省级旅游名村、国家乡村旅游重点村,打造成为可借鉴、可复制、可推广的乡村振兴示范村。

二、具体实验内容

围绕乡村振兴产业兴旺、生态宜居、乡风文明、治理有效、生活富裕总要求和产业、人才、文化、生态、组织五大振兴，结合实际，重点开展八个方面实验。

（一）产业增值收益留村哺农机制

一是出台《九乡乡麦地冲村产业增值收益留村哺农指导意见》。坚持把农民更多分享增值收益作为产业兴旺的基本出发点，培育乡村新产业新业态，以农旅融合为主，带动产业多元化和提档升级。大力发展"一村一品"，更加注重小农户和现代农业利益衔接，探索农业保粮农民增收机制。创新利益分享模式，健全联农带农有效激励机制，努力实现产业融合发展的增值收益60%以上留在乡村、惠及农民。

二是充分利用农村集体产权制度改革成果，创新推进"三变改革"，通过"专业合作社＋集体经济组织"的方式，探索麦地冲旅游开发经济和麦地冲特色农产品种植发展模式，鼓励村民以土地、农房、山林、资产、劳务等要素入股，发展壮大集体经济，推动资源变资产、资金变股金、农民变股民。

三是推动创意农业和休闲旅游业的深度融合。继续打造创意农业示范区，扩大彩色水稻和稻田养鱼示范区范围。整合麦地冲周边村庄土地、山林、湿地、水库等自然资源，大力发展乡村旅游、美丽经济，积极争创省级旅游名村、国家重点乡村旅游村。以"归园田居、七彩梦乡"为主题，以创建七彩梦乡麦地冲3A级风景区为目标，通过建设游客服务中心、旅游公厕、游步栈道、旅游标示牌、彝乡大舞台等基础设施，重点打造"彝乡欢歌"彩稻景观、"我心向党"红船景观、稻香荷韵峡谷景观、小桥流水溪流景观、橙色花海万寿菊景观、一号观景台望月阁景观等打卡点，重现"采菊东篱下，悠然见南山"意境。以"游客留住、效益留村"为目的，重点打造乡愁主题、民族特色民宿样板房，建设必要的餐吧、咖啡屋、土特产超市等配套场所，开发农趣体验、少儿娱乐等项目，最大限度地实现产业增值收益留村哺农。

（二）乡村生态价值实现机制

一是探索出台《九乡乡麦地冲村乡村生态价值实现指导意见》。顺应城乡居民消费拓展升级趋势，进一步盘活森林、草原、河流等生态资源，打造全域有机生态乡村。发展绿色生态产业，将乡村绿化美化与林草产业发展相结合，培育林草产业品牌，发展森林观光、林果采摘、森林康养、森林木屋等乡村旅游休闲观光项目，带动农民致富增收，打造绿水青山就是金山银山实践基地。

二是进行乡村环境综合整治。进一步对麦地冲垃圾、污水、公共厕所、街巷环境等方面进行升级改造，探索"村小组+合作社+村民"合力参与的人居环境综合治理机制。提升电力供应能力，确保重大节庆活动供电保障，对实验区景观核心区内电线电杆进行迁改，打造干净、生态田园风光。确保网络信号通畅，争取5G试点。依托样板房、餐吧建设，同步打造"美丽庭院"示范户，带动整村推进"美丽庭院"创建工作，以小家美汇成大家美。

（三）乡村特色文化传承保护机制

一是探索出台《九乡乡麦地冲村乡村特色文化传承保护指导意见》。大力传承保护农耕文化、传统文化、民族文化、红色文化，实施非物质文化遗产传承发展工程，打造七彩梦乡系列文化品牌，积极争创省级文化和旅游公共服务机构融合试点。

二是打造少数民族村寨。发展传承传统民族工业、民族表演艺术，开展民族传统节庆活动，争创省级少数民族特色村寨。

三是立足乡村、面向未来，引进以"亲情、亲乡土、亲自然"为核心内容的三亲启蒙教育，创建"三亲教育生态村"。以社会主义核心价值观为引领，教育引导村民感党恩、听党话、跟党走。

（四）闲置宅基地和农民房屋处置盘活机制

一是探索出台《九乡乡麦地冲村闲置宅基地和农民房屋处置盘活工作指导意见》。积极探索宅基地"三权分置"，落实宅基地集体所有权，保障宅基地农户资格权和农民房屋财产权，适度放活宅基地和农民房屋使用权，推动宅基地和农房通过转让、互换、赠予、继承、出租、入股、有偿退出、集体收购等方式规范流转，积极利用闲置农房发展乡村旅游、民宿。探索村级有偿收回的限制性宅基地、废弃的集体公益性建设用地转变为集体经营性建设用地入市的具体路径。探索村级集体经济组织灵活利用现有生产服务设施用地开展相关经营活动的具体方式。

二是在国土空间规划中将麦地冲村土地性质调整为村庄规划建设用地。探索将麦地冲村闲置宅基地、农房、烤烟房等资源流转到村级集体经济组织，实现产权和收益分配的明晰，为建设特色住宿、餐饮、公共空间等休闲服务设施提供保障。统一规划村庄建筑风貌，严控违规乱建行为，修复现有传统村容村貌。

（五）新农人、新乡贤、新村民培育机制

一是出台《九乡乡麦地冲村新农人、新乡贤、新村民培育工作实施意见》。以回乡创业为联结，以大学生、进城务工人员、退伍军人、农村电商等群体为重点，培养心怀农业、情系农村、视野开阔、理念先进的"新农人"。通过多种渠道引导，最大限度地将返乡青年和城市中的各种人才引入麦地冲，通过增加休闲旅游产业发展中的管理机会和营利机会，培育"新村民"，打造一支运营麦地冲休闲旅游产业的新农人管理团队，解决靠谁发展的问题。

二是以乡情乡愁为纽带，吸引企业家、党政干部、专家学者、技术人才等群体回乡治村养老，多措并举促进市民下乡、能人回乡、企业兴乡。

（六）乡村治理能力有效提升机制

一是出台《九乡乡麦地冲村乡村治理能力有效提升工作实施意见》。开展农村社区试点工作，以麦地冲党支部为核心，建立村民为主、其他主体共同参与的乡村治理动员机制，形成村党支部、合作社、本村村民、外来村民有效治理和联动发展的治理机制，形成真正的治理共同体，实现德治、自治、法治三治融合。

二是以农村党建为引领，全面加强农村基层党组织建设，发展壮大农村集体经济组织，充分发挥基层党支部战斗堡垒作用。完善农村矛盾纠纷排查调处机制，开展农村移风易俗活动，巩固提升平安建设成果，推进乡村治理体系和治理能力现代化。

（七）涉农资金村级统筹整合机制

一是出台《九乡乡麦地冲村涉农资金统筹整合指导意见》。探索资金统筹集中使用、集中财力办大事的方式方法，形成多渠道引水、一个龙头放水的整合模式。加强涉农资金分配使用与任务清单的衔接匹配，确保资金投入与任务相统一。根据村庄建设规划，探索各类涉农资金统一规划布局、统一资金拨付、统一组织实施、统一考核验收，以规划引领到村涉农资金统筹使用和集中投入。

二是出台《九乡乡麦地冲村都市驱动型乡村振兴创新实验区奖补资金管理办法》，对市级、县级奖补资金的使用、监管进行规范。

（八）发挥农民主体作用的组织动员机制

一是探索出台《九乡乡麦地冲村发挥农民主体作用组织动员机制实施意见》。大力提升基层党支部的组织力，强化制度建设，加大政策激励、教育引导力度，把发动群众、组织群众、服务群众贯穿建设全过程，不断激发和调动农民群众积极性和主动性。通过民办公助、筹资筹劳、以奖代补、以工代赈等形式，引导和支持村民自主组织实施或参与村庄基础设施和人居环境整治。

二是出台《麦地冲乡村振兴实验村村庄建设项目招投标办法》。规范和缩小招投标适用范围，让村民更多参与并从中受益。在有限而有效的资金投入下，最大限度地调动社区内部和外部的资金动力，确保每一笔小钱能够产生较大的示范效应和带动效应。

我国乡村振兴经济制度体系构建研究

党的十九届四中全会审议通过《中共中央关于坚持和完善中国特色社会主义制度　推进国家治理体系和治理能力现代化若干重大问题的决定》指出，实施乡村振兴战略须构建优先发展农业农村和国家粮食安全的制度政策，构建城乡融合发展的体制机制。相应地，产业兴旺要取得突破性进展，就要构建"又好又快"的经济制度体系。

一　构建并完善乡村振兴经济制度体系的理论阐释

从党的十六大提出统筹城乡发展的思想，党的十七届三中全会提出城乡经济社会发展一体化格局，党的十八大继续推进城乡一体化发展，党的十九大提出乡村振兴战略，2018 年 1 月 2 日中共中央、国务院发布了《中共中央　国务院关于实施乡村振兴战略的意见》，2018 年 9 月印发《乡村振兴战略规划（2018—2022 年）》，直到党的十九届四中全会提出了实施乡村振兴战略须完善相关的制度、政策和体制、机制。国家层面的思想引领和顶层设计为中国构建乡村振兴经济制度体系提供了行动纲领，为构建乡村振兴经济制度体系提供了强有力的中国理论体系支撑。

（一）关于乡村振兴经济制度体系

所谓"制度"，就是规则，就是契约。新制度经济学派的代表人物诺思认为，制度是一个社会的游戏规则，更规范地说，制度是为决定人们的相互关系而人为设定的一些制约。新制度经济学认为，制度至关重要，土地、劳动和资本这些生产要素，有了制度才能得以发挥功能。制度体系，是由各相关制度之间相互作用而形成的制度综合体，是一系列制度性元素的有机组合。乡村振兴经济制度体系，是乡村振兴战略实施中，为有效促进生产要素的流动和聚集，优化资源配置效率，提高全要素生产率，实现产业兴旺的一系列制度、体制、机制、法律、法规、条例等有机组合的综合体。

（二）乡村振兴经济制度体系的构建

构建乡村振兴经济制度体系，实质上是经济供给从城市到农村，从微观产业到宏观区域的不断完善与变迁过程。制度变迁，就是制度的替代、交易和转换之过程。诺思在《经济史中的结构与变迁》中所讲的"结构"就是指制度结构，"变迁"是制度的创立、历时或更改变化而被打破的方式。新制度经济学认为，制度变迁之诱因在于经济主体期望获得潜在利润最大化，所谓"潜在利润"就是指规模经济、克服对风险的厌恶、交易成本降低、外部经济内部化所带来的收益。乡村振兴经济制度体系的构建就源于构建主体对于产业兴旺潜在利润最大化的期望。制度变迁的方式主要有两种——强制性和诱致性制度变迁。对于这两种制度的变迁，它们的主体各不相同，对于诱致性制度变迁，其主体是团体或者个人，它是由制度非均衡导致潜在获利机会而发生的变迁，其特点是自发性；对于强制性制度变迁，其主体是政府，它是政府用法律和命令之形式来实现的，其特点是强制性。制度供给的动力来自新制度的供给主体的收益大于制度变迁成本，取决于其政治秩序提供新安排的意愿和能力。对于重要的制度变迁，其主要供给者是国家和政府，它们通常采用的变迁方式是强制性制度变迁。乡村振兴经济制度体系构建须以国家和政府为制度供给主体，采用强制性制度变迁之方式。制度变迁的效率取决于制度供求双方的一致性满意程度，也就是是否达到制度供求双方的最优绩效。有效率的制度变迁，被认为是"制度创新"，而无效率甚至负效率的制度变迁，则被称为"制度阻滞"。

制度供给是供给主体为了满足制度的需求，或为了满足自身利益或租金的需求而进行的制度创新。乡村振兴经济制度体系之构建，就是国家和政府为了乡村振兴、为了实现产业兴旺，而进行的一系列制度供给与创新。鉴于此，乡村振兴经济制度体系的构建，要提高政府与农业、农村、农民的一致性满意程度，就要满足"三个有利于"：有利于让农业成为有奔头之产业，有利于让农民成为有吸引力之职业，有利于让农村成为乐业安居之美丽家园。

（三）乡村振兴经济制度体系的内容

乡村振兴经济制度体系是服务于乡村振兴战略的制度体系，致力于破解新时期"三农"难题。习近平总书记的"三农"重要论述中，"三个必须""三个不能""三个坚定不移"对这一难题的内涵做出了系统和鲜明的概括，是新时期"三农"工作的总要求。"三个必须"：中国要强，农业必须强；中国要美，农村必须美；中国要富，农民必须富。"三个不能"：任何时候都不能忽视农业、不能忘记农民、不能淡漠农村。"三个坚定不移"：坚定不移深化农村改革，坚定不移加快农村发展，坚定不移维护农村和谐稳定。乡村振兴经济制度体系的内容必须对这些要求做出积极回应。一是要着眼于农业现代化发展，这也是产业兴旺的核心内容。乡村振兴经济制度体系，要引导"人、地、钱"等优质要素向农业聚集，引导三次产业融合拓展农业发展空间，让农民持续在农业产业优化升级中获益。二是要着眼于农民收入的提高，这也是产业兴旺的根本目的。乡村振兴经济制度体系，要切实有效解决农民的就业和收入问题，以农民为主体、以农业为载体形成农民增收的长效机制。三是要着眼于农村环境优化，这也是产业兴旺的必要条件。乡村振兴经济制度体系，要向优化农村生态环境、农村文化环境、农村人居环境、农村创新创业环境、农村治理水平等领域渗透，让"产业兴旺"成为开启"生态宜居、乡风文明、治理有效、生活富裕"的"金钥匙"。

乡村振兴经济制度体系，是新型城镇化与乡村振兴协同共进的根本支撑。改革开放以来，我国的城镇化取得了举世瞩目的成绩，现代化水平不断提高。然而，我国地域空间上的城乡关系，因制度干预形塑了泾渭分明的社会权利的二元事实，城镇建设与乡村发展交织于城乡有别的现代化进程中，城镇快速发展，乡村滞后缓行。党的十八大报告提出坚持走中国特色新型城镇化道路，促进"工业化、信息化、城镇化、农业现代化同步发展"。然而，这一"同步四化"却包含特定的历史局限性，其中的"三化"即"工业化、信息化、城镇化"具有空间范围、要素聚集效率与政策强度上的高度统一性，而农业现代化长期难以与"三化"同步发展。由于要素向城镇过度集聚，中国的城镇化与农业现代化均遭遇了实践的巨大挑战："半城镇化"困局与农业"内卷化"陷阱。同时，城乡发展的不平衡，尤其是乡村发展的不充分，长期以来一直是中国不平衡、不充分发展中亟待破解的难题。

城镇和乡村是紧密联系的有机整体，是我国经济发展体系中既相互促进又相互制约的两大核心要素，长期滞后发展的乡村成为新型城镇化的桎梏。乡村振兴经济制度体系的核心内容，就在于在乡村这一特定空间范围内，释放政策潜力，提高要素聚集效率，通过城乡经济发展的协同共进，带动新型城镇化与乡村振兴的协同共进，从而形成相互支撑的良性发展局面。

乡村振兴经济制度体系，要充分体现马克思主义关于城乡融合发展和农村发展之思想。马克思强调了农业地位的基础性，他认为"农业劳动是其他一切劳动得以独立存在的自然基础和前提"[①]，"超过劳动者个人需要的农业劳动生产率，是全部社会的基础"[②]。当前对于我国来说，虽然农业竞争力比较弱，但仍然是我国的基础性产业。因此，乡村振兴战略的重点在产业兴旺，产业兴旺的核心就是农业现代化，乡村振兴经济制度体系的内容要聚焦农业发展。另外，随着工业规模日益扩大，城市人口越来越多，农业部门对经济发展的产品贡献将再次凸显出来。另外，马克思也指出农业发展必然会带来城乡分离，但人类社会也必然会由城乡分离走向城乡融合。他认为当"社会上的一部分人用在农业上的全部劳动——必要劳动和剩余劳动——必须足以为整个社会，从而也为非农业劳动者生产必要的食物；也就是使从事农业的人和从事工业的人有实行这种巨大分工的可

---

① 《马克思恩格斯全集》第33卷，人民出版社，2004，第27页。

② 《资本论》第3卷，人民出版社，2004，第888页。

能，并且也使生产食物的农民和生产原料的农民有实行分工的可能"① 的时候，城乡分离也就产生了。而生产力高度发展和消灭私有制则是城乡融合的两个前提条件。乡村振兴经济制度体系的内容，也要聚焦城乡融合，涵盖城乡融合发展体制机制和政策体系。

乡村振兴经济制度体系，是农业发展理论和产业结构理论与我国乡村发展实践相结合的产物。舒尔茨认为，与传统农业不同，现代农业对经济的贡献很大，相对于工业而言，经济发展策略应更加强调现代农业。他比较了不同发展中国家的经济发展策略，发现重工轻农之国家，其发展均陷入了困境，重视农业的国家，其发展均取得了成效。重农固本，国之大纲。我国是农业大国，农业的发展不仅能够满足人们基本的生活需求，也是工业发展的基础和前提，只有重视农业的发展，国家发展才能够壮大。产业结构理论指出，产业结构的演进不仅遵循由农业主导转向工业主导再转向服务业主导的一般规律，也遵循各产业内部逐步由中高端主导的一般规律。尽管我国产业结构已进入服务业主导的时期，但农业现代化水平参差不齐、整体不高依然制约着我国产业结构的优化升级。农业现代化仍然是新时期我国社会经济发展的重要环节，乡村振兴经济制度体系的内容，要聚焦以农业现代化为核心的产业兴旺。

二 构建并完善乡村振兴经济制度体系的实践基础

（一）改革开放后我国"三农"制度变迁

我国农村改革从农村体制改革开始，我国正在推进的乡村振兴战略，涉及的相关制度创新，离不开我国"三农"制度变迁。笔者从以下几个阶段对我国"三农"制度变迁过程进行划分。

第一阶段（1979～1983年）：在我国"三农"制度发展历程中，这一阶段最有意义的是，1979年党的十一届四中全会通过的《中共中央关于加快农业发展若干问题的决定》，对我国农业现状进行了深入分享，对我国

---

① 《资本论》第3卷，人民出版社，2004，第716页。

农业发展历史经验进行了全面总结，对我国农业现代化进行了详细部署，提出了一系列适合我国农业生产发展需要的、调动亿万农民积极性的、巩固和发展农村大好形势的方针、政策。

第二阶段（1992~2003年）：主要发布了11个文件和1个决定，从1993年开始每年以中共中央和国务院一号文件的形式出台我国关于农业农村的文件。其中有意义的是：中共中央、国务院1993年发布了关于我国农业和农村经济发展的文件，明确了以家庭联产承包为主的责任制和统分结合的双层经营体制是我国农村经济的基本制度，同时要求保持长期稳定并进行持续完善；1998年党的十五届三中全会审议通过《中共中央关于农业和农村工作若干重大问题的决定》，特别要求实行家庭联产承包责任制。

第三阶段（2004年至今）：这一阶段中共中央、国务院每年出台以"三农"相关问题为主题的一号文件，彰显了国家从制度供给层面对破解"三农"难题给予高度重视。尤其是2018年出台了《中共中央　国务院关于实施乡村振兴战略的意见》的一号文件，提出加强乡村振兴制度性供给，创新乡村振兴的体制机制，强调乡村振兴制度体系的构建。2019年出台的《中共中央　国务院关于坚持农业农村优先发展做好"三农"工作的若干意见》一号文件，为激发乡村发展活力，就深化农村改革提出了四方面的制度。同年9月，中共中央又出台了《中国共产党农村工作条例》。2020年《中共中央　国务院关于抓好"三农"领域重点工作确保如期实现全面小康的意见》的一号文件中，第五部分的第二十七条强调从制定农村集体经营性建设用地入市配套制度、完善农村基本经营制度、农业水价改革、草原承包经营制度改革等方面抓好农村改革重点任务。

综观三个阶段，可以概括为16个方面的制度建设。一是建立以家庭承包经营为基础的统分结合的双层经营体制；二是建立乡镇政府和村民自治的乡村治理制度；三是建立自上而下的农业行政管理体制，由中央农村工作领导小组、中央农办、各级农业部门协同配合；四是建立农村土地分类管理制度，针对农业用地，出台了《基本农田保护条例》和《中华人民共和国农村土地承包法》，针对建设用地，具体划分为宅基地、国家建设征地、集体建设用地等；五是建立农村市场制度，放开农产品价格和购销，促进了市场主体发展的多元化，完善了农产品市场调控；六是建立转移支付的农村公共财政制度；七是建立农业生产补贴和保护的制度；八是建立积极利用外资的对外开放制度，扩大农产品出口，促进农业走出去；九是健全服务"三农"的农村金融制度；十是完善重要农产品收储和价格形成机制；十一是建立农村集体经营性建设用地入市配套制度；十二是建立农业保险制度；十三是深化农村集体产权制度改革；十四是草原承包经营制度；十五是中国共产党在农村的工作条例；十六是乡村振兴法治建设。

（二）我国"三农"制度建构述评

改革开放以来，持续推进农村各项改革是全党工作的重中之重。破解"三农"难题，核心是产权制度的完善和要素配置的市场化，关键在于体制机制创新。"三农"制度创新的推动，一系列农村改革举措的落地，为我国农业、农村、农民发展注入了活力与生机。为了便于梳理，笔者从"人""地""钱""城乡发展"等方面进行评述。

1. 构建城乡协调发展的制度

一是党的十六大提出要统筹城乡经济社会发展，致力于构建突破城乡二元结构的制度。二是党的十八大以来，我国着力构建以工促农、以城带乡、城乡交融、良性互动的城乡统筹发展机制。三是党的十九大报告提出建立健全城乡融合发展体制机制和政策体系。四是党的十九届四中全会提出构建城乡融合发展的体制机制。通过构建这一系列制度，在一定程度上缓解了我国城乡二元结构依然存在、公共资源配置不均、城乡要素交换不平等、新型城乡关系不健全等方面带来的制约。

2. 农村集体产权制度的构建

一是改革农村集体产权制度，建立了在我国农村实行以家庭承包经营为基础、统分结合的双层经营体制，形成了农村集体经济运行新机制。二是我国分类推进农村集体产权制度改革，对农村集体土地、林地等资源性资产进行确权、登记、颁证，通过股份合作制改革，推进经营性资产确权到户，创新农村集体经济运行机制。三是2016年中共中央、国务院颁发了《中共中央 国务院关于稳步推进农村集体产权制度改革的意见》，构建了集体经济运行新机制。这些制度的构建有效维护了农村集体经济组织成员权利的治理体系，巩固了党在农村的执政基础。

3. 涉农资金管理制度的构建

一是农业支持保护政策持续优化，涉农资金统筹整合力度加大。二是财政支农政策持续优化，涉农资金管理体系更加完备，涉农资金使用等制度更加健全。三是农村投融资相关制度持续优化。这些制度的构建使国家的支农资金使用效益、支农政策的效果得到了提升，为我国涉农资金统筹、优化、整合的长效机制的构建积累了经验。

4. 农村人力资源开发制度的构建

一是 2003 年第一次全国人才工作会议后，农业农村人才队伍建设工作受到高度重视，构建了人才资源开发体系，健全人才教育培训体系，深化教育科研体制改革，完善人才评价和服务体系等制度。二是建立农村人力资源开发的投入和社会分担及农村实用人才队伍建设等机制。这些制度的构建，推动了农村人才队伍建设，完善了农村人力资源开发体系，为破解"三农"难题提供了强有力的人才和智力保障。

依据制度变迁理论，制度变迁随着环境的改变而改变。乡村振兴战略，关键在于"振兴"二字，也体现出我国"三农"的发展趋势。党的十一届三中全会不仅制定了我国实行改革的路线，也拉开了中国乡村变革的帷幕。在刚开始的几年时间里，中共中央、国务院出台了土地、农户经营、制度建设等方面的具体农业政策。进入 21 世纪，连续十几年的中央一号文件都把重点落实到"三农"上。面对"三农"问题，党的十九大提出了乡村振兴战略，党的十九届四中全会提出实施乡村振兴战略需要完善农业农村优先发展、国家粮食安全、城乡融合发展等政策和体制机制。因此，新时代只有构建乡村振兴经济制度体系，才能激发和释放乡村全面振兴的内生动力与活力，才能确保我国农业农村现代化的实现。

（三）从"三农"制度到乡村振兴经济制度体系的构建

乡村振兴经济制度体系的构建，关键要找准制约乡村振兴制度体系构建的主要障碍，即人民日益增长的美好生活需要和不平衡不充分的发展之间的矛盾。这也是我国构建乡村振兴经济制度体系的逻辑起点。之前，我们所提的"三农"，更多是强调解决农业现代化的问题，而略微淡化了农村和农民问题，导致在制度顶层设计上，乡村产权、资金、人才与城乡协调发展的体制机制仍存在一定的缺失和制约。

制约因素之一：城乡协调发展体制机制构建方面的制约。一是城乡二元结构还没有根本突破，还没有建立起与社会经济新形势完全相适应的新的管理体制。二是城乡之间要素的双向流动机制还存在缺陷。三是城乡融合程度不高、发展不协调，尤其是乡村发展不充分。

制约因素之二：农村集体产权制度完善方面的制约。一是农村集体资产存在不清的权属、不明的权责、不畅的流转、不严格的保护等问题，部分地区仍存在农村集体资产流失问题。二是农村集体资产的治理体系、集体经济的实现形式等还不健全，农民很难分享到改革发展的成果。

制约因素之三：涉农资金管理制度建设方面的制约。一是我国涉农资金存在渠道多、项目杂、管理乱等现象，资金的碎片化性、项目的随意性等问题日益凸显。二是在脱贫攻坚的过程中，随着涉农资金投入的不断增加，对它的管理存在条块分割、权责不匹配等问题。三是国家支农政策的效果和涉农资金的使用效益皆不佳。

制约因素之四：乡村振兴人才培育引进制度建设方面的制约。一是农村管理人才、专业技术人才、经营人才、青壮年劳动力、种田能手的缺乏使农村人力资本严重短缺。二是农村"空巢化""老龄化"现象严重。

三　我国乡村振兴经济制度体系构建的路径选择

路径之一：围绕"人往哪里去"，加强城乡统筹制度供给，有序推动转移人口市民化。同步协调推进乡村振兴战略与新型城镇化，完善城乡发展统筹的一系列制度。一是加快推进新型城镇化建设，加快发展主城核心区和功能拓展区的中小城镇，壮大县域经济，不断完善提升公共服务设施，增强公共服务对人口集聚的服务能力，促进农民就近城镇化。二是加快推进转移人口市民化，放宽放开落户限制，实行去来自由的回原乡村户籍地落户政策。三是落实保障权益，完善政策激励机制，推动转移人口与市民同等享受住房、教育、医疗、养老等公共服务保障待遇。

路径之二：围绕"地从哪里来"，加强农村土地制度供给，激发农村的资源活力和发展潜能。制定完善以土地产权制度为核心的农村改革系列政策。一是开展农村土地确权颁证"回头看",坚决贯彻落实中央关于土地承包期再延长 30 年的政策。二是持续推动农村承包地和宅基地实现"三权分置",不断完善农村土地经营管理制度。三是推进农村土地征收,建立集体经营性建设用地入市、城乡统一的建设用地市场制度。四是强化农村土地各项指标的规范管理,加大农村建设用地指标供给力度,均衡城乡建设用地指标。五是规范农村土地等产权流转行为,严格保障农民的各项权益。

路径之三:围绕"钱从哪里出",加强农村金融制度供给,引导各类资本投向农业、农村。利用财政资金的杠杆作用,制定工商资本下乡的引导管理制度和激励措施。一是充分综合运用国家、省、市和县产业引导资金、以奖代补等方式,吸引各方面金融资本投入乡村振兴。二是加快推进农业领域"多证合一"的改革,大力扶持农业龙头企业,持续深化农业领域放管服改革,不断减少龙头企业成本支出。三是拓宽企业融资渠道,不断推进农村金融创新,优化涉农领域融资程序,畅通企业上市的融资绿色通道。四是完善功能,针对"三农"贷款投放的市场主体不足的短板,充分发挥各级农民专业合作社在生产、供销、信用等方面的服务功能。五是加快推进农村土地经营权抵押贷款,拓展小农户融资渠道。六是完善涉农资金整合机制,完善农业发展领域权责匹配、相互协调等涉农资金统筹机制,优先向"三农"领域投入公共资源,确保公共资源人均投入增量向农村倾斜。

路径之四:围绕"队伍怎么建",加强农村人才制度供给,建设一支强大的农村人才队伍。完善农村人才队伍建设及激励机制,以农村基层党组织为核心,坚持内培外引相结合,打造一支乡村振兴的生力军。一是狠抓基层服务农村型党组织建设和农村基层党员队伍建设,不断提升农村基层党组织对"三农"发展的领导能力,造就一支"一懂""两爱"的农村工作队伍。二是加强农村实用型人才队伍建设,加快建设一批农业经纪人,着力打造一批会管理、懂技术、善经营的现代"新农民""农创客"。三是建立健全职业农民制度,围绕农业特色产业急需人才,加快培育一批新型职业农民,重点提升农民的经营管理能力和劳动专业技能。四是通过内培和外引等方式,建立人才引进和自主培养相结合的技能培训、学历教育、锻炼实践等多种方式并行的人力资源培训培养体系，不断创新乡村人才培育引进使用机制。五是构建市民下乡、企业回乡、资本兴乡的制度机制，积极吸纳退休归乡休养的政府机关和企事业单位人员参与乡村建设，大力培育"新村民"。六是在相关规划和农村宅基地管理规定的许可范围内，积极鼓励当地农民与返乡人员合作建设自用房，构建并完善相关政策以吸引各类人才到农村创业。

路径之五：围绕"业从哪里兴"，不断供给农村产业制度，健全现代农业的产业体系。深入推进农业供给侧结构性改革，加快制定乡村产业发展规划、扶持政策、保障措施等，推进农业转型升级。一是构建农业现代化产业体系。坚持质量兴农，坚持按标生产，走特色化、品牌化、高端化发展之路，推动特色产业提质增效，发展农特产品精深加工业，让农产品通过加工就地转化增值，通过乡村现代服务业的发展，不断推进农村三次产业深度融合。二是加快构建农业现代生产体系。严格耕地保护制度，通过中低产田改造、土地整治和高标准农田建设及农田水利建设，努力构建农业发展的物质支撑体系。同时通过农业科技研发和推广应用，努力构建现代农业发展的技术支撑体系。三是构建现代农业经营体系。坚持和巩固家庭承包经营制度，优化农村营商环境，提升政务服务质量和水平，以"三权分置"为抓手，培育合作社、家庭农场等主体，推行土地流转、土地入股、土地托管等经营方式，提升农业经营适度规模化水平，实现小农户与现代农业的有机衔接，发展乡村新产业、新业态。四是打造现代农业新载体，加快推进农产品精深加工中心、有机农业示范中心、特色农产品重要集散中心、农业科技创新中心、农村三次产业融合发展试点示范中心、电子商务及农产品信息中心等六大中心建设，不断提升农业产业的影响力和聚集度。

路径之六：围绕"城乡有差距"，加强城乡融合制度供给，促进城乡均衡一体化发展。构建城乡基本公共服务均等化的体制机制，持续缩小社会事业和公共服务方面的城乡差距。一是建立农村公共服务供给体系和责任体系，划分各级政府在城乡基本公共服务均等化中的责任与事权，科学配置县、乡政府的财权。二是通过推动城乡义务教育一体化发展，不断提高义务教育质量和农村便利程度。同时，不断完善城乡居民基本养老保险制度、大病保险制度、城乡居民基本医疗保险制度，不断提高农民报销费用比例。三是加快补齐农业农村发展的短板，引导财政转移支付资金重点向农村水、电、路、气、网等基础设施领域转移，逐步建立健全全民覆盖、普惠共享的基本公共设施和公共服务的体系。

坚强的政治保证是在城乡融合发展中实现乡村振兴的关键。各级党委和政府必须加强对乡村振兴制度体系构建的组织领导，统筹谋划、统一布局、整体推进、形成合力，构建相互衔接、有机统一的省市县乡村五级乡村振兴制度体系，以制度保障乡村振兴战略的有效实施。

加快建立防止返贫监测和帮扶机制[*]

2020 年 3 月 6 日，习近平总书记在决战决胜脱贫攻坚座谈会上强调，"要加快建立防止返贫监测和帮扶机制，对脱贫不稳定户、边缘易致贫户以及因疫情或其他原因收入骤减或支出骤增户加强监测，提前采取针对性的帮扶措施，不能等他们返贫了再补救"①。如何在新冠肺炎疫情的影响下，凝心聚力打赢脱贫攻坚战，确保如期完成脱贫攻坚目标任务，全面建成小康社会，加快建立防止返贫监测和帮扶机制是破题之关键。

继往开来，砥砺奋进，决胜脱贫攻坚

2020 年是脱贫攻坚的收官之年，从全国态势来看，脱贫攻坚目标任务接近完成。贫困人口从 2012 年底的 9899 万人减到 2019 年底的 551 万人，贫困发生率由 10.2% 降至 0.6%，连续 7 年每年减贫 1000 万人以上。到 2020 年 2 月底，全国 832 个贫困县中已有 601 个宣布摘帽，179 个正在进行退出检查，未摘帽县仅剩 52 个，区域性整体贫困基本得到解决。正如习近平总书记所说："我们在脱贫攻坚领域取得了前所未有的成就，彰显了

---

* 谭鑫：《加快建立防止返贫监测和帮扶机制》，云南网，2020 年 3 月 25 日，http：//news. yunnan. cn/system/2020/03/25/030627334. shtml。

① 《（受权发布）习近平：在决战决胜脱贫攻坚座谈会上的讲话》，新华网，2020 年 3 月 6 日，http：//www. xinhuanet. com/politics/leaders/2020-03/06/c_1125674682. htm。

中国共产党领导和我国社会主义制度的政治优势。"[①]

行百里者半九十，脱贫成就固然卓著，但剩余的脱贫攻坚任务艰巨。由于新冠肺炎疫情的影响，扶贫工作受到了较大的影响，贫困人口外出务工受阻，扶贫产业产品销售困难，扶贫项目停工，疫情严重地区扶贫工作队无法到岗工作；产业基础薄弱，巩固脱贫成果难度大，已脱贫人口中有近 200 万人存在返贫风险，边缘人口中还有近 300 万人存在致贫风险。越是在最后关头越是不能松懈，需要继往开来、砥砺奋进，加快建立防止返贫监测和帮扶机制，一鼓作气，决胜脱贫攻坚。

从云南省目前的脱贫攻坚态势来看，云南省目前剩余贫困人口 11.9 万户 44.2 万人，占全国剩余贫困人口的 16.6%，是全国贫困人口唯一超过 40 万人的省份。云南省的脱贫任务依然艰巨，突如其来的新冠肺炎疫情给脱贫攻坚增添了更大难度。在这种时刻，我们更是要严格落实"四个不摘"的要求，坚持摘帽不摘责任、不摘政策、不摘帮扶、不摘监管，分类别、分区域加强对已摘帽县、退出村和脱贫人口开展差异化、精准化的扶持，扶上马、送一程。聚焦"两不愁三保障"突出问题，对巡视考核指出的问题立即整改落实，做好贫困人口"回头看"工作，抓实硬措施、落实硬任务，始终把提高脱贫质量摆在突出重要位置，通过加快建立防止返贫监测和帮扶机制，巩固成果、防止返贫。

精准施策，加快建立防止返贫监测机制，决胜脱贫攻坚

有脱贫就会有返贫，返贫是客观存在的，但是返贫率的高低、返贫的人数是取决于脱贫工作的质量的。破解"防范返贫、新增致贫"难题的关键在于瞄准返贫风险，精准施策，通过狠抓"三法"探索建立防止返贫监测机制。

一是狠抓精准管理之法，着力划定三类级别，建立贫困预警监测机制。根据已脱贫户现有产业、就业、家庭收支以及致贫主因等，划分为

[①] 《（受权发布）习近平：在决战决胜脱贫攻坚座谈会上的讲话》，新华网，2020 年 3 月 6 日，http://www.xinhuanet.com/politics/leaders/2020-03-06/c_1125674682.htm。

三类预警级别：对脱贫后比脱贫时家庭情况有所下滑、无创业能力、不能就业、稳定收入仅来源于转移性收入的兜底脱贫户，存在一级返贫风险的，启用一级（红色）预警；对脱贫后与脱贫时持平，家庭年人均纯收入略高于当年脱贫标准但低于5000元，或同期家庭收入明显减少、因特殊原因出现较大数额刚性支出、部分家庭成员暂时丧失劳动能力、收入来源不稳定的农户，观察是否存在返贫风险，启动二级（黄色）预警；对脱贫后生活质量上升的，有劳动能力，发展意愿强烈，有思路、有干劲，收入相对稳定，后续发展良好的农户，不存在返贫风险的，进行三级（绿色）预警。

二是狠抓精准监测之法，实行三级审核，建立多级抽查监测机制。村级设立监测员，成立监测队伍，把农村可能出现的返贫状况有效进行监测，通过村干部、驻村工作队员，村民小组和相关部门每个月深入贫困户家中调查访问，对照收入情况和"两不愁三保障"的标准开展监测工作来发现可能返贫的情况及可能重新致贫的情况。乡镇建立审核组，乡镇脱贫攻坚领导小组对下级上报的监测预警对象进行上户核查，一级、二级返贫风险户核查率要达100%，无返贫风险户抽查率达50%。核查结束后在乡镇信息栏公开，同时张榜公告，公告无异议后，将审定预警级别上报上一级。成立县级领导小组，负责统筹防止返贫监测预警和日常帮扶工作，并对监测预警户进行复核认定。

三是狠抓精准干预之法，因人因户精准施策，建立精准监测机制。区别不同情况，及时采取防贫干预措施，针对存在问题，按照缺什么补什么的原则，比如采取医疗救助措施解决因病返贫的问题，采取教育扶贫措施解决失学辍学的问题，采取兜底保障措施解决确实丧失劳动能力的问题，防止由濒临困难转为返贫。此外还采取"帮、扶、引"的措施精准施策，一级预警户以"帮"为主，尤其是因病、因灾等特殊贫困家庭采取社会救助、临时补助、公益性岗位就业等形式帮助其减轻家庭负担。二级预警户以"扶"为主，重点在扶志、扶智方面加强教育引导，加强技能、创业培训，实现稳定就业。三级预警户以"引"为主，重点提高"造血"功能，不断强化技能、创业培训，实现稳定增加收入，带动更多农户积极发展。

多措并举，加快建立帮扶机制，决胜脱贫攻坚

结合云南省具体情况，针对云南省在脱贫攻坚中的突出问题，要多措并举，统筹兼顾，通过保障产业发展、激发贫困户内生动力和易地扶贫后续扶持三方面多路并进，巩固脱贫成效，建立健全帮扶机制，决胜脱贫攻坚。

一是保障产业发展，以产业发展为扶贫核心，建立产业帮扶机制。产业扶贫是最直接、最有效的办法，也是增强贫困地区造血功能、帮助群众就地就业的长远之计。产业扶贫是以推进贫困乡村产业开发和构建因地制宜的产业体系为导向的扶贫开发模式。云南的优势在区位，出路在开放，走好特色产业之路可以直接提升扶贫的效果，立足云南当地的资源禀赋，挖掘当地的特色产业，依托"互联网+"发展高原特色农业，打造三次产业联动发展、相互融合的产业体系，注重发展休闲农业、观光农业，迪庆藏族自治州德钦县升平镇巨水村位于美丽的梅里雪山脚下，近几年来通过采松茸、虫草和发展养殖业、旅游业，全村1900余名藏族群众整体告别了贫困。曲靖市罗平县长底布依族乡采取"公司+农户+合作社"模式，让298户贫困户全部入股种养殖企业，每年获得分红，同时加强农民致富技能培训，2019年有500多名农民参加了电焊工和板栗种植病虫害防治培训，努力让全乡群众不返贫。真正实现了脱贫增收致富，实现了将源源不断的绿水青山转化为金山银山，为群众长远发展、持续发展打好产业基础，为群众栽下"摇钱树"，帮群众拔去"穷根子"，让群众脱贫之后不再返贫。

二是激发内生动力，深化扶贫同扶志、扶智相结合，建立素质帮扶机制。内因是发展的决定因素，扶贫先扶"志"，贫困群众既是扶贫的实施主体，又是直接受益者，激发扶贫对象的内生动力，是确保扶贫工作各项举措长效发挥的关键，要从根本上改变其过去的"等、靠、要"思想，从"要我脱贫"的思想改变为"我要脱贫"。要充分了解、分析贫困户致贫的原因，为贫困户找穷根、找办法、送志气、送信心，提升贫困户脱贫的信心。扶贫必扶"智"，治贫先治"愚"，扶贫既要富口袋，也要富脑袋，首

先要提升贫困地区教育水平，让贫困地区的孩子接受良好的教育，这才是阻断贫困代际传递的重要途径；其次要注重群众的技能培训，加大农业科技创新以及技术推广力度，拓宽贫困户的脱贫和就业渠道。

三是完善帮扶措施，加强易地扶贫后续扶持工作，建立易地扶贫帮扶机制。云南省易地扶贫搬迁贫困人口约 100 万人，还有同步搬迁的农户，与完成搬迁建设任务相比，着眼长远谋划产业发展、素质提升、农村社会治理等任务还很艰巨。易地扶贫搬迁，仅仅"搬出去"还不行，更要"稳得住、能脱贫、可致富"。跑好易地扶贫搬迁的最后一公里，要进一步构建教育保障、医疗保障、社会保障、社区服务、产业扶持、就业培训、文化服务、基层党建等机制，对照"一意见两方案"，即《关于进一步做好易地扶贫搬迁工作的指导意见》《云南省易地扶贫搬迁安置点实施以奖代补的工作方案》《云南省易地扶贫搬迁"稳得住"的工作方案》，稳步推进后续扶持。

2020 年是脱贫攻坚的收官之年，正如习近平总书记所说，脱贫攻坚"是一场硬仗，越到最后越要紧绷这根弦，不能停顿、不能大意、不能放松"①。尽管时间紧迫、任务艰巨，还有疫情防控的影响，但只要我们咬定目标、坚持不懈、尽锐出战，拿出决战的精气神，加快建立防止返贫监测和帮扶机制，脱贫攻坚任务就一定能够高质量完成，全面建成小康社会目标就一定能够如期实现！

---

① 《习近平出席决战决胜脱贫攻坚座谈会并发表重要讲话》，中国政府网站，2020 年 3 月 6 日，http://www.gov.cn/xinwen/2020-03/06/content_5488151.htm。

维西县运用"七法"决战决胜脱贫攻坚

2020年3月6日，习近平总书记在决战决胜脱贫攻坚座谈会上强调："要继续聚焦'三区三州'等深度贫困地区，落实脱贫攻坚方案，瞄准突出问题和薄弱环节狠抓政策落实。确保剩余建档立卡贫困人口如期脱贫，对52个未摘帽贫困县和1113个贫困村实施挂牌督战，国务院扶贫开发领导小组要较真碰硬'督'，各省区市要凝心聚力'战'，啃下最后的硬骨头。"① 云南省维西傈僳族自治县在打赢脱贫攻坚战役中，以攻坚克难精神，创新"七法"，取得脱贫攻坚较好成绩；下一步将认真学习贯彻习近平总书记的重要讲话精神，继续狠抓"七法"，努力完成2020年脱贫攻坚任务。

迪庆藏族自治州维西县是革命老区，是云南省11个限制开发区域和生态脆弱的国家级贫困县之一，被列为全省27个深度贫困县之一，也是全省藏族聚居区脱贫攻坚的"主战场"。2015年末，全县有建档立卡贫困人口13424户48555人，贫困发生率高达36.8%。维西县被划定为国家"三区三州"深度贫困重点扶贫开发区。之后，中共维西县委、县政府瞄准全县的3个深度贫困乡、44个深度贫困村和13个贫困村，实施精准扶贫。

由于受历史、自然等诸多因素的影响，维西县地方财力弱，基础建设滞后。主要体现为以下两点。一是维西是全国唯一的傈僳族自治县，有"直过民族"傈僳族8.89万人，有7.38万人是建档立卡户，占全县建档

---

① 《（受权发布）习近平：在决战决胜脱贫攻坚座谈会上的讲话》，新华网，2020年3月6日，http://www.xinhuanet.com/politics/leaders/2020-03/06/c_1125674682.htm。

立卡总人口的 83%，他们所在的地方基础设施较差；二是"直过民族"傈僳族的建档立卡人口的 83% 分散居住在自然条件差、经济基础弱、产业发展难的山区、半山区和高寒山区。

面对这些突出问题，维西县委、县政府运用"七法"，决战脱贫攻坚。

激励之法。一是维西县委、县政府把解决群众精神贫困、观念贫困难题作为突破口，积极开展"自强、诚信、感恩"等主题活动，大力表彰、鼓励脱贫致富先进典型，激发其他贫困户树立脱贫致富的信心。二是定期分批组织贫困户到当地致富能手家中进行观摩学习，通过学习身边人、身边先进典型事迹和身边脱贫致富故事，让他们亲身感受，激发他们脱贫致富的内生动力。三是充分发扬民主，完善村民自治制度，给违背公序良俗的行为戴上"金箍"，破除不良习惯。四是在全县开展"四美"创建活动，每年评选 1~2 个最美乡镇、10 个最美村庄、100 户最美家庭、100 名最美人物，进一步激发各族干部群众艰苦奋斗促脱贫、努力建设家园的决心。2019 年，维西县以群众会、院坝会、火塘会等方式召开会议 1614 场次，参会人员 47008 人次。

拆围之法。维西县与怒江傈僳族自治州兰坪白族普米族自治县山水相连的菊香村补主洛村民小组追美的目标已经被刻在石碑上——"嘎尺补主落"，意思为安逸好玩的补主洛。向着这个目标，补主落傈僳族群众以火一样的热情拆除废旧房屋、投工献料，决战脱贫攻坚。维西县委、县政府采用补主洛模式，充分利用 269 支由党员组成的"红旗服务队"和 34 支"精准扶贫感恩连"开展拆旧工作。一是在号召党员带头拆的同时让党员充分当好政策"宣传员"，给群众讲政策、讲道理，引导群众转变观念。二是由这两支队伍组成义务拆除小组，全力协助村民拆除影响村容村貌的废旧房屋。三是各村民小组利用废旧木料，把复垦的地围成"小菜园""小花园""小果园"，有条件的建成了村民聊天点和小公园。据统计，2019 年，维西县拆除废旧危木楞房和其他旧房烂圈 3878 间、废旧垃圾池 5 个、废旧蓄水池 5 个。全县共建"小菜园""小花园""小果园"3838 个，共 155569 平方米。

清洁之法。走在维西县保和镇拉日村扎尼洛村民小组干净整洁的水泥道路上，除了养眼的风景，我们看不到路上乱跑的牲畜，看不到垃圾堆、粪堆、松毛堆、柴堆，也看不到污水。维西县委、县政府利用扎尼洛模式，在全县各村组完善了村规民约，基本形成了每周定点打扫环境卫生、党员支部主题党日开展环境卫生整治的长效机制，群众自发利用每天晚饭后的时间，清除沟边、河边、路边垃圾，规范码放草堆、柴堆、粪堆。2019 年，维西县规范码放草堆、柴堆、粪堆 4233 堆，集中清理垃圾 380 吨，清理道路 154 公里、沟渠 46 公里、河道 8.3 公里、垃圾点 38 个。

"美丽"之法。维西县高泉村香椿箐村是一个傈僳族聚居的小山村。谁能想到，这个绿美、富美、和美的小村子在 10 多年前脏乱不堪。维西县委、县政府采用香椿箐村模式，要求各村紧扣"美丽"二字，就地取材、投工献料，因地制宜建设聊天点、小公园。这些聊天点、小公园逐渐成为维西县向农民、贫困户宣传政策、村民议事、增进村民感情、凝聚人气的小场所。2019 年，维西县建设农村聊天点 494 个、公厕 162 个、户厕 506 个。

引进之法。永春乡拖枝村农仕下组通组公路均宽 7.5 米，是维西县境内质量最好、最宽的通组公路，公路两旁绿树成荫，村道两旁是纳西族建筑风格的漂亮民居。这些漂亮民居是驻村工作队积极引进碧罗雪山文化旅游投资有限公司、金星水泥制品厂等企业投入近 200 万元资金提升人居环境而建成的。像农仕下组一样，一方面，维西县各乡（镇）、驻村工作队积极引进企业和动员社会力量参与农村环境提升工程；另一方面，引进企业发展中药材种植业。目前，拖枝村家家户户通过发展种植中药材脱贫致富。维西县委、县政府采用拖枝村农仕下组模式，通过挂钩干部的牵线搭桥，整合社会力量，带动贫困户脱贫致富奔小康。2019 年，维西县引进社会力量捐资捐款及挂联单位支持农村人居环境提升资金累计 654.6 万元，用于基础设施建设及人居环境提升建设等。

产业发展之法。为了激发建档立卡户种植中药材的积极性，伟宏公司设立"脱贫奖"，一等奖奖金 3000 元，二等奖奖金 2000 元，三等奖奖金 1000 元。维西县高泉村香椿箐村建档立卡户里子玛通过发展产业获得一等奖。维西县委、县政府利用产业发展激励模式，紧扣"产"字创富、美，围绕"创建一个基地、振兴一个产业、对接一个合作组织、打造一个优势品牌、致富一方农民"的发展思路，坚持提高产业和就业扶贫组织化程度，努力带动贫困群众持续增收，基本达到了不愁吃、不愁穿的要求。截至目前，全县有涉农龙头企业 19 家、专业合作社 180 个、村级集体经济 95 个，覆盖 79 个村，带动建档立卡户 9574 户 34925 人，产业覆盖率达 98.57%。2019 年，全县推广种植中药材、水果、蔬菜、小杂粮共计 158359.67 亩。

党建之法。塔城镇启别村党总支和党员积极作为，按照"四议两公开"工作法，牵头引导制定务实管用的村规民约和组规民约，把爱护环境卫生、参与环境整治、主动脱贫、移风易俗等内容纳入村规民约。同时，号召党员带头遵守村规民约，并做好宣传群众、动员群众工作，把村规民约转化为群众改变精神面貌和村容村貌的强大动力。2019 年，维西县完成 285 个党组织规范化达标创建工作，组织规范化达标 1031 个村民自治委员会。

通过狠抓"七法"，维西县农村群众的精神面貌和村容村貌焕然一新。2019 年 8 月，维西县通过了云南省生态文明县考核验收。脱贫攻坚战呈现出"脱贫基础条件不断向好，脱贫效果不断向好，群众脱贫意识不断向好，党委、政府脱贫信心不断向好"的良好局面。

云南马关县围绕"六边"助力脱贫攻坚

习近平总书记今年1月考察云南时强调，云南要认真学习领会和贯彻落实党的十九届四中全会精神，确保支撑中国特色社会主义制度的根本制度、基本制度、重要制度在云南得到坚决贯彻落实。云南省马关县委、县政府认真贯彻落实习近平总书记重要指示精神，围绕"六边"助力脱贫攻坚，取得了较好成效。

马关县位于云南省东南部，文山壮族苗族自治州南部，是一个集边境、民族、贫困、山区、老区、原战区于一体的县份，与越南两省四县接壤，国境线长达138公里，居住着汉、壮、苗、彝等11个民族，少数民族人口占总人口的49.8%。基础设施薄弱、产业发展滞后、公共服务不足、贫困点多面广程度深，一直是马关县经济社会发展的主要瓶颈，该县综合贫困发生率曾高达21%，是国家扶贫开发工作重点县、云南省27个深度贫困县之一。自2015年党中央吹响脱贫攻坚号角以来，该县坚持把脱贫攻坚作为头等大事和第一民生工程来抓，坚持以脱贫攻坚为抓手，围绕"活边、建边、富边、惠边、管边、美边"发力，促进了边境发展、民族团结、社会稳定和边防巩固，为全面实现高质量脱贫摘帽、全面建成小康社会奠定了坚实基础。

一 突出地缘优势活边，助力脱贫攻坚

该县积极抢抓国家实施"一带一路"倡议和脱贫攻坚战略的重大历史

机遇，立足资源和区位优势，强化平台支撑，高标准规划建设马关县边境贸易加工园区。按照不同区位和功能定位，规划"一园四片区"布局，不断加大基础设施建设力度，积极出台招商引资优惠政策，全面激发边境发展活力。目前，已完成达号、花枝格工业园区建设，正在加快推进南山高原特色现代农业产业化园区建设，这一系列措施为马关县打赢脱贫攻坚战奠定了坚实基础。

二　积极整合资源建边，助力脱贫攻坚

马关县委、县政府围绕长期制约边境地区发展的"用水难、用电难、行路难、通信难"等难题，积极整合项目资金，不断加大投入力度，着力补齐硬件设施短板，为边境地区经济社会发展提供物质保障。一是着力补齐农村饮水安全短板。实施农村饮水工程 1173 件，有效解决 27.1 万名农村群众的饮水安全问题，确保家家喝上安全水。二是着力补齐能源保障短板。新建和改造农村电力线路 1416.2 公里，安装电表 8472 户，实现村村架通动力电。三是着力补齐农村交通短板。硬化自然村公路 1318 公里，全县通车里程达 4288 公里，通达率达 100%，实现村村（行政村、边境 20户以上自然村）都通硬化路。四是着力补齐通信网络短板。实施"村村通"和"户户通"、无线数字化覆盖项目，统筹有线、无线和卫星信号覆盖多种方式，全县广播电视信号覆盖率在 99% 以上，所有行政村（社区）及所在地学校、卫生室实现光纤宽带和 4G 网络全覆盖。五是着力补齐公共服务基础设施短板。建设乡（镇）级为民服务中心 13 个、村级为民服务站 125 个、综合文化服务中心 131 个、村活动室 1234 个，实现公共服务场所对所有村（社区）全覆盖，切实解决好群众办事难问题。

三　发展特色产业富边，助力脱贫攻坚

一是抓实产业扶贫。立足自然资源禀赋，制定产业扶贫政策，培育农业产业化企业 24 户，发展农民专业合作社 124 个，发放小额信贷 3.2 亿元、产业扶持资金 9360.3 万元，支持农户发展林木、林果、药材、水果、

蔬菜等特色产业 106 万亩,家禽养殖 105 万羽、生猪养殖 18.1 万头、大牲畜养殖 8.8 万头,其中,带动建档立卡贫困户 2.6 万余户,年可实现户均生产经营增收 4000 元以上。二是抓实就业扶贫。制定出台劳动力培训、就业创业等扶持政策,创建扶贫车间 45 个,扶持 2018 名农民返乡创业,开发乡村公共服务岗位 6333 个,对 2.9 万名建档立卡贫困群众外出务工进行交通补助,开展农村劳动力转移就业培训 9.2 万人次。2019 年,实现农村劳动力转移就业 9.6 万人,实现务工收入 19 亿元,其中,建档立卡贫困户劳动力转移就业 3.2 万人,年可实现户均就业增收 2000 元以上。

四 聚焦各项政策惠边,助力脱贫攻坚

一是认真落实教育惠民政策。义务教育"两免一补"政策和贫困在校学生资助政策共惠及学生 20 余万人,实现全县义务教育适龄儿童少年零辍学目标。二是认真落实健康扶贫"三重保障"政策,实现贫困人口 100% 参加基本医疗保险和大病保险,家庭医生签约服务 1.4 万名贫困对象,住院治疗实现"先诊疗后付费"和"一站式"结算,住院报销比例达 90.2%,大病贫困患者集中救治率达 100%。三是认真落实农村危房改造补助政策,采取加固改造和拆除重建统筹推进的方式,实施农村危房改造 4.2 万户,拆除危旧房 1.2 万间,确保家家户户住上"遮风避雨、安全稳固"的住房。四是认真落实农村低保、特困供养、残疾人"两项补贴"、沿边定补等社会保障和惠民政策,每年惠及群众 20 余万人次。同时,制订出台医疗、教育、自然灾害及意外事故临时救助方案,切实兜牢民生底线,确保农村家庭不因病、因学、因灾等致贫返贫。五是全面实施《云南省深入实施兴边富民工程改善沿边群众生产生活条件三年行动计划(2018—2020年)》,为马关县脱贫攻坚提供较好的政策支撑。

五 深化群防群治管边,助力脱贫攻坚

一是认真开展宣传教育。结合深入推进"自强、诚信、感恩"主题教育活动开展,以入户宣传、会议宣讲、手册标语、广播电视等形式,在教

育引导广大群众勤劳致富奔小康的同时，开展边境管理法律法规和政策知识宣传。截至目前，累计开展宣讲教育 8000 余场次，受教育群众达 38 万人次，有效提高了边境各族群众爱边、护边、管边、控边意识。二是积极构建群防群治工作体系。积极探索建立适应边境治安工作需要的群防群治机制，组建群众巡逻巡查联防队 312 支，在部分有条件的村委会设立综治专干，依靠群众开展边境地区维稳工作，定期开展军警民联合演练，切实完善立体化防控格局。三是充分调动群众参与积极性。出台举报境外非法入境人员、边境违法犯罪活动有奖的办法，对查证属实的第一举报人给予奖励，进一步调动广大人民群众参与边境防控的积极性和主动性。深化群防群治管边为马关县脱贫攻坚提供了良好的社会环境。

六　环境综合整治美边，助力脱贫攻坚

以"美化、亮化、净化"整治为重点，大力开展环境卫生"脏乱差"整治工作，累计硬化村内道路 148.2 万平方米、入户路 73.6 万平方米、庭院 72.1 万平方米，改造户厕 2.6 万户、大牲畜圈舍 6728 间，硬件设施得到明显提升。大力开展党员亮身份做表率、巾帼妇女展风采、师生大手拉小手、公职人员"工作一人、整洁一家、带动一片"等一系列工作，总结出"弄干净、摆整齐、搞绿化、建文明"的马关经验，推动全县农村人居环境整治工作常态常治长效，农村生活垃圾乱堆乱放、生活污水乱排乱流等问题得到有效遏制，马关县被列为云南省人居环境整治示范县。环境综合整治美边为马关县脱贫攻坚提供了良好的生态环境。

沿边地区脱贫攻坚实践经验调研报告

沿边地区脱贫攻坚实践经验调研组

一　边境沿线地区总体概况

云南与缅甸、越南、老挝三国接壤，边境线长 4060 公里，约占全国陆路边境线的 1/5，少数民族人口占全国近 1/7，是少数民族人口过千万的三个省份之一，边境地区人口占全国边境地区总人口近 1/3，边境县数量居全国第二（仅次于新疆）。边境沿线 25 个县（市）总面积为 9.20 万平方公里，占边疆 8 州市总面积的 50.66%，分布着 110 个沿边乡镇 814 个行政村（社区），其中沿边一线有 373 个行政村（社区）、3783 个自然村，共 23.6 万户 92.8 万人，少数民族人口占 79.40%，还分布着 19 个沿边农场。① 沿边地区聚集了 16 个跨境民族，人口总数占全省少数民族总人口的 78.60%。云南边境地区不仅是多民族多宗教最为集中的地区，也是深度贫困人口最为集中的地区，更是全面建成小康社会和实现高质量跨越式发展难度最大的地区。截至 2019 年，25 个边境县建档立卡贫困人口从 34.34 万人下降到 6.36 万人，净脱贫 27.98 万人；贫困村从 607 个下降到 65 个，脱贫出列 542 个。民族自治地方（8 个自治州）贫困人口由 2015 年底的 178.52

---

①　《云南省深入实施兴边富民工程改善沿边群众生产生活条件三年行动计划（2015—2017 年）》。

万人减少至 2019 年的 13.57 万人；11 个"直过民族"和人口较少民族贫困发生率降至 2.41%，独龙、基诺、德昂、阿昌、布朗、普米、景颇、佤、拉祜、怒族、傈僳族 11 个民族实现整族脱贫。但是，边境沿线地区的脱贫攻坚任务仍然艰巨，不仅要打好高质量脱贫攻坚收官之战，而且还要做好巩固脱贫攻坚成果和防止返贫的长期工作。

二　沿边地区脱贫攻坚实施的政策措施及其成效

云南省沿边地区深入贯彻落实习近平总书记关于扶贫工作的重要论述和中央、省委、省政府重大决策部署，下足"绣花功夫"精准打好脱贫攻坚战，结合实际落实扶贫脱贫政策措施，取得显著成效。

(一) 政策措施

一是扎实推进"沿边三年行动计划"。自 2015 年起，云南省深入贯彻落实国家兴边富民规划，连续实施两轮"兴边富民工程改善沿边群众生产生活条件三年行动计划"（2015—2017 年、2018—2020 年）。第二轮沿边三年行动计划是云南省十大脱贫攻坚战的重要组成部分，与打赢脱贫攻坚战三年行动目标方向一致，时间要求统一。

二是实施更加精准的扶贫脱贫举措。沿边地区 25 个边境县根据国家和省委要求，制定出台了危房改造、易地扶贫搬迁、健康扶贫、教育扶贫、产业扶贫、就业扶贫等系列政策措施，扶贫政策、项目、资金精准到户，对建档立卡贫困户百分之百覆盖。政策红利的充分释放，确保贫困群众在扶贫项目、扶贫资源中直接受益。

三是针对"直过民族"的特色帮扶。云南省 110 个沿边乡镇 878 个行政村中，有 472 个是建档立卡贫困村，有 436 个是"直过民族"和人口较少民族聚居村，有 28 万贫困人口，贫困发生率为 11.9%。为进一步提高"直过民族"和人口较少民族帮扶贫困人口脱贫质量、巩固脱贫成果，云南省扶贫开发领导小组在《云南省全面打赢"直过民族"脱贫攻坚战行动计划（2016—2020 年）》基础上，及时研究制定《关于进一步完善云南省全面打赢"直过民族"脱贫攻坚战行动计划的通知》，要求聚焦脱贫攻坚重点难点，制定实施方案，层层压实责任，确保不让一个兄弟民族掉队、不让一个贫困地区落伍。

（二）取得成效

"沿边三年行动计划"和脱贫攻坚工作相衔接，使政策叠加效应不断发挥，加快了云南沿边地区脱贫攻坚步伐，成效显著。群众获得感、幸福感和安全感明显提升，守土固边的责任心、自信心和自豪感显著增强，为下一步乡村振兴筑牢基础。

1. 直接成效：摘掉贫困帽，生活不愁有保障

脱贫攻坚工作让沿边贫困群众的生活环境、生活质量发生翻天覆地的变化，达到了"两不愁三保障"的脱贫标准。群众收入"年年涨"，村集体经济发展壮大，农村基础设施和公共服务有效改善，串户路"硬起来"、庭院室内"亮起来"、卫生厕所"建起来"、垃圾处理"收起来"、污水整治"清起来"、人居环境"好起来"。贫困户、贫困村、贫困县纷纷达到退出标准。2019 年，25 个边境县建档立卡贫困人口从 34.34 万人下降到 6.36 万人，净脱贫 27.98 万人；贫困村从 607 个下降到 65 个，脱贫出列 542 个。11 个"直过民族"和人口较少民族贫困发生率降至 2.41%。[①] 第一轮实施兴边富民工程改善沿边群众生产生活条件三年行动计划的沿边 373 个行政村贫困发生率降到了 0.2%。[②] 2020 年 3 月，9 个"直过民族"和人口较少民族实现整族脱贫，怒族、傈僳族 2 个"直过民族"的剩余贫困人口在 2020 年 11 月也实现了整族脱贫，云南 11 个"直过民族"和人口较少民族历史性地告别了绝对贫困。

2. 延伸成效：增强凝聚力，激发群众内生动力

一是加强了基层党组织建设。沿边地区将脱贫攻坚与基层党建"双推进"深度融合，"融入扶贫抓党建、抓好党建促扶贫"，把党组织建到脱贫攻坚一线，扩大党在脱贫攻坚中组织覆盖和工作覆盖范围，党的政治优势、组织优势、密切联系群众优势更好转化为脱贫攻坚优势。脱贫攻坚激

---

① 省扶贫办资料。
② 《云南省决战决胜脱贫攻坚系列新闻发布会（第六场）》，云南省人民政府网站，2020 年 4 月 9 日，http://www.yn.gov.cn/ynxwfbt/html/2020/zuixinfabu_0409/2658.html。

活了农村的"神经末梢",党员活动室、活动场地建设进一步加强,软弱涣散基层党组织得到整顿。如沧源县通过实施党建扶贫"双推进",全县农村65%以上的党支部达到规范化建设标准。基层党组织在政治上的引导力、组织上的凝聚力和发展上的推动力不断增强。

二是促进干部作风转变,密切党群、干群关系。过硬的作风是如期实现高质量脱贫摘帽目标的重要保证。在脱贫攻坚中,沿边地区党员干部大走访、大帮扶,党员干部走出机关深入基层办实事,察民情、听民声、解民忧、帮民富。村组党员干部带头发展致富,带领群众厘清发展思路,谋划发展产业,促进增收致富,沧源县还专门实施了"百名党员带千户群众创业致富"行动计划。脱贫攻坚中涌现出一批带头创业发展、带领群众脱贫致富的农村党员,如金平县普角村广西寨为乡亲铺就致富路的十九大代表村党支部书记刘富珠、金水河镇"英雄十姊妹"、沧源县糯良乡怕拍村带领群众闯致富新路的党支部书记卫明祥等。干部履职尽责、担当作为,使干群关系更为融洽。

三是群众综合素质不断提升,内生动力得到增强。沿边地区将扶贫与扶智、扶志相结合,激发了群众脱贫致富的内在动力,实现"要我脱贫、不能脱贫"向"我要脱贫、我能脱贫"的转变,"富口袋"与"富脑袋"并存,在物质脱贫的同时,文化和精神也逐步脱贫,自强不息、诚实守信、互助合作、脱贫光荣的思想观念、主体意识和感恩意识不断增强,参与创造美好生活的热情高涨,展现出全新的精神面貌。这在西双版纳州勐海县的曼班三队拉祜族群众的发展变迁中体现得淋漓尽致。教育扶贫、健康扶贫等措施还阻断了沿边地区贫困现象的"代际传递",贫困群众子女的思想观念、文化素质、身体素质得到根本改变,群众自我发展获得长足动力。

3. 独特成效:激发爱国情,边疆稳定更和谐

一是守边固边有基础。云南沿边地区结合口岸经济与边境贸易发展、抵边村庄建设及农危房改造的契机,探索出脱贫、富边、守边共赢的扶贫模式,贫困群众离开地质灾害点和交通闭塞处,开始了新生活。金平县金水河镇金水河村实施守边固边工程新村建设项目;麻栗坡县将附近20个村寨的建档立卡贫困户集中安置在董干镇马林村,街道抵边而建;沧源县实施《沧源佤族自治县率先把沿边村寨建成小康村的实施方案(2019—2020

年）》。边民互市、物流加工、对外贸易、扶贫车间建设等增加了群众收入，宜商、宜业、宜居增强了群众自我发展内生动力，易地搬迁搬得出、留得住、能就业、有保障，实现可持续发展。这一扶贫模式解决了贫困群众"两不愁三保障"问题，为建档立卡贫困户及周边群众找到了致富门路，壮大了"戍边大军"。驻守边境一线的群众打通"山门"，打开对外开放之门、经济发展之门、群众致富之门，生活有保障、致富有渠道、守边有动力、发展有支撑，"扎根边疆、心向中央"，增强了守边固边的责任意识、国土意识、身份意识，以及守土固边的责任心、自信心和自豪感。

二是稳边控边有保障。沿边脱贫攻坚主体是群众，群众在脱贫攻坚中参与边疆治理的能力也得到提高。如麻栗坡沿边8个乡镇22个村委会148个村民小组和党组织开展以维护边境安宁、促进产业发展、推进脱贫攻坚、加强边境管控等内容为重点的"红旗飘飘"工程，在边境村寨党员户悬挂党旗，在普通群众家悬挂国旗。沿边地区群众还结合边境线实际，定期或不定期与当地官兵、武装助理、界务员等一起开展义务巡逻活动，抓好辖区内界碑和国土守护、安全防范、群防群治等工作，成为守卫边境先锋队。沿边地区以自治增活力、以法治强保障、以德治扬正气，健全党组织领导的自治、法治、德治相结合的乡村治理体系，边疆呈现稳边固边、民族团结和社会稳定的良好局面。

三是兴边强边有作为。沿边地区脱贫只是第一步，群众正在为过上更加幸福美好的生活团结奋斗。脱贫攻坚各项工作的开展，从根本上夯实了边境、民族村寨的基础设施建设，有效改善了沿边各族群众的生产生活条件，为推动民族地区经济社会发展、民族团结进步、边疆繁荣稳定奠定了良好基础，也为沿边地区的富强兴旺筑牢了群众基础和社会基础。沿边地区群众在脱贫攻坚中认识到，没有国就没有家，没有祖国的繁荣发展就没有自己现有的新生活，从而坚定"感党恩、听党话、跟党走"，"忠诚于党、固疆守边"的爱国主义情怀激励着群众在建设祖国边疆、兴边强边中积极作为。

三 沿边地区脱贫攻坚实践经验

沿边地区是脱贫攻坚中的贫中之贫、坚中之坚。云南按照"六个坚持"的精准扶贫精准脱贫方略,既凝心聚力打好全省脱贫攻坚的总体战、阵地战,又聚焦边境多民族聚居的深度贫困地区,打好沿边地区脱贫攻坚的阻击战、歼灭战。沿边地区脱贫攻坚的伟大实践,不仅生动见证了中国特色扶贫开发道路的独特优势和制度伟力,而且充分彰显了中国特色社会主义制度和中国共产党领导的政治优势和制度优势,逐步探索形成了具有"中国特色、云南特点"的沿边地区脱贫攻坚的实践经验和制度模式。

(一)总体特征

牢牢把握"两不愁三保障"的基本目标,按照"五个一批"的总体要求,把脱贫攻坚与兴边富民、民族团结、乡村振兴等战略有机结合,综合施策,坚决打赢脱贫攻坚战和守边强基攻坚战两场战役,形成政策叠加、制度集成、多方协同、组织严密、相互监督、精准发力的沿边地区脱贫攻坚的新模式。沿边地区脱贫攻坚的特殊性体现为区位的边疆性、任务的艰巨性、环境的复杂性。高质量打赢沿边地区脱贫攻坚战,不仅关乎沿边各族群众与全省、全国一道全面建成小康社会,而且关乎维护国家安全和边疆稳定的政治大局。从脱贫攻坚和实现高质量跨越式发展的战略目标来看,沿边地区的脱贫攻坚是云南省全面打赢脱贫攻坚战必须攻克的最后堡垒,关系到如期打赢脱贫攻坚战的大局,而且也是深入贯彻习近平总书记对云南发展的新定位新要求,实现云南服务融入国家战略的重要战略支撑点和前沿阵地。

(二)实践经验

云南沿边地区脱贫攻坚的基本经验,表现为"八个结合",即精准扶贫与全面脱贫相结合、党政主责与多方协同相结合、物质扶持与精神激励相结合、制度创新与监督落实相结合、政策宣传与示范引领相结合、脱贫攻坚与兴边固边相结合、精准脱贫与返贫防控相结合、多措并举与因地制宜相结合。从其特殊经验来看,表现为"七个坚持",即坚持政治强边、坚持产业富边、坚持边贸活边、坚持绿色美边、坚持文化固边、坚持治理稳边、坚持互通睦边。

1. "八个结合"的基本经验

沿边地区脱贫攻坚的基本经验既是中国特色扶贫开发道路的真实写照，也是作为多民族聚居的欠发达地区的云南脱贫攻坚实践经验的生动体现。因此，沿边地区脱贫攻坚的基本经验体现了云南脱贫攻坚的总体特征和共性逻辑，也是边境沿线地区实现精准脱贫的重要保证。

（1）精准扶贫与全面脱贫相结合，夯实发展内力

由于沿边地区贫困面广、贫困程度深，是"直过民族"和人口较少民族聚居区，更是深度贫困人口最为集中的地区。因此，沿边地区在集中财力、人力和物力瞄准建档立卡户打好精准扶贫攻坚战的同时，也注重从地区实际出发，坚持整体推进、共同发展，在项目、资金、政策等方面，又覆盖到具有发展意愿的非建档立卡户，增强区域发展的整体实力和可持续发展能力，实现边疆各族群众全面脱贫，携手迈进全面小康。如麻栗坡县采取"1+1""1+N"模式推动党员与建档立卡户或者非建档立卡户中的"七类重点对象"结成互助组，带领群众学政策、学技能，共同脱贫致富；金平县针对筛查出的"五类重点村"（贫困发生率高于30%的行政村、没有建档立卡户的自然村、边境沿线自然村、"直过民族"自然村、非贫困村）中的卡内卡外重点监测户，发动县内企业和干部职工自愿捐款，集中资源重点帮扶，解决了涉农资金无法统筹安排、短板弱项难以补齐的问题。

（2）党政主责与多方协同相结合，形成攻坚合力

沿边地区脱贫攻坚实践经验中最核心、最深刻的启示就是党的领导的政治优势和社会主义举国体制的制度优势成为沿边各族群众脱贫致富的根本保证。党的领导的政治优势，体现在精准严密的制度设计和严格完备的监督落实机制上，层层传导压力、压实责任，形成从中央、省市、县区、乡镇到村社的纵向到底、横向到边的扶贫体制机制。社会主义制度的优越性体现在全国一盘棋，同步进小康上。高质量打赢脱贫攻坚战，对于云南来说是一场硬仗，对于云南沿边地区来说，则是硬仗中的硬仗。没有党的坚强领导和社会主义制度的独特优势，沿边地区实现脱贫致富奔小康无异于痴人说梦。五级书记一起抓，党政干部齐上阵，社会各方同伸手，绘就了沿边贫困地区和群众的崭新生活。沿边各级党委、政府严格落实"中央

统筹、省负总责、市县抓落实"的工作机制、"党政一把手负总责"的责任机制、"领导挂点、部门包村、干部帮户"的定点挂钩帮扶机制,通过专项扶贫、行业扶贫、社会扶贫、定点扶贫、东西部扶贫协作、"万企帮万村"等各项扶贫政策,借助外力,激发动力,汇聚协同攻坚的强大社会合力。如,麻栗坡县以"老山精神"为动力,以作战态势全力投入新时代脱贫攻坚"老山战役",出台五道"作战令"、一道"督战令"、一道"动员令",从上到下,层层压死责任,倒排时间表,挂牌督战。金平县实行五级书记打车轮战、阵地战,41名处级领导全员挂乡包村,全面组织打网络战,针对突出问题和困难打"点穴战",实行五级调度、视频调度、现场调度,破除木桶效应。沧源县严格落实"五级书记"遍访贫困户机制,对贫困村和非贫困村统一挂包帮扶。

在社会化扶贫方面,金平县和麻栗坡县抓住外交部定点扶贫的机遇,借助"外交部定点扶贫县特色产品展销活动"、时任外交部部长王毅夫人钱韦女士发起的"大爱无国界义卖活动"、"外交扶贫"微信公众号和官网等平台,大力推介两地特色产品,提升质量、宣传品牌、拓展销路。通过东西部扶贫协作,沧源县5个贫困乡镇与上海市崇明区5个乡镇(企业)签订扶贫协作协议,结对乡(镇)每年获得30万元的帮扶资金,结对村每年获得10万元的帮扶资金;通过"万企帮万村"精准扶贫行动,引导15家民营企业、2个基层商会、1个异地商会与8个乡镇17个建档立卡贫困村结对帮扶,共投入资金1825万元;引导社会组织参与扶贫,成立沧源县源心社会工作服务中心,并在3个村设立了社工站。

(3)物质扶持与精神激励相结合,增强内生动力

沿边地区贫困群众不仅缺少脱贫致富的"钱袋子",而且更缺科学发展的"脑瓜子"。在沿边地区脱贫攻坚中,始终坚持"富脑袋"和"富口袋"同步推进,既着力解决脱贫攻坚的现实困难和突出问题,又着眼未来长远发展,不断增强贫困群众的自我发展能力和内生动力。

一是"增智赋能"强能力。沿边地区是"直过民族"和人口较少民族主要聚居区,物质和精神双重贫困,需要行超常之举、花超常之力。如勐海县布朗山乡曼班三队拉祜族、贡山县独龙族乡独龙族"直过民族"的整族脱贫,一步越千年,成为"既富口袋又富脑袋"的成功典范。勐海县曼

班三队拉祜族整族脱贫的经验在于：因族制订脱贫方案，逐户制订帮扶计划，做到因族因村因户因人施策；精准派驻责任心强、懂民族语言和懂技能的民族脱贫工作队，领着干、帮着干、促着干；采取"统一组织、统一生产、统一管理、统一销售"的半军事化管理模式抓生产、转观念、树新风；引入龙头企业帮助培育支柱产业，壮大村集体经济，促增收。

二是"感恩奋进"增动力。沿边各县深入开展"自强、诚信、感恩""党的光辉照边疆""扎根边疆、心向中央"等主题实践教育活动，激发贫困群众自强自立、爱党爱国、感恩奋进。同时，通过强化村规民约制定和执行落实、"爱心超市"积分兑换等方式，建立正向激励机制，革除陋习、移风易俗，引导贫困群众积极参与脱贫致富。如沧源县结合主题教育，开展"四算账四对比四热爱"活动（"算好惠民政策账、基础投入账、产业发展账、个人贡献账"和对比改革开放前后"吃什么饭、走什么路、穿什么衣、住什么房"，激发贫困群众热爱党、热爱祖国、热爱边疆、热爱家乡的情怀）和"勤劳致富、勤俭持家""诚实做人、诚恳做事"的"两勤""两诚"教育活动，凝聚起"感党恩、听党话、跟党走"的共识；金平县通过"爱心超市"，推广"表现增积分、积分换物品"；勐海县布朗山乡曼班三队"小蜜蜂"超市激励贫困群众"靠行动获得积分、用勤劳赢得帮助"；麻栗坡县通过"初心小屋"从源头化解基层矛盾，以行动换积分，以积分兑换实物，激发贫困群众内生动力。

（4）制度创新与监督落实相结合，发挥制度伟力

沿边地区脱贫攻坚经验中的最大亮点就是各地结合扶贫实际，大胆进行制度创新，并通过组织机制和监督考核机制，确保落实到位，并贯穿在脱贫攻坚的各领域、各环节、各方面。在沿边脱贫攻坚制度设计中，各县市在严格将脱贫攻坚实施方案与"十三五"规划同部署同推进的同时，还与改善沿边群众生产生活条件三年行动计划、"十县百乡千村万户示范创建工程"三年行动计划、兴边富民规划、守土固边工程规划等单项规划有机衔接、统筹推进。既保证了制度规划制定的科学性、合理性、有效性，又结合脱贫攻坚、守土固边、民族团结、边疆治理、乡村振兴、宗教和谐的现实要求，创新工作机制，严格监督检查和责任落实，确保制度执行效能。如，麻栗坡县以"户户清"挂牌督战模式确保责任任务监督全覆盖，

让群众明白，让社会监督；金平县针对驻村工作队推行脱贫攻坚政策清、村情民情贫情清、帮扶工作措施清、基层组织情况清、驻村纪律要求清的"五清"工作法。

（5）政策宣传与示范引领相结合，激发群众活力

沿边地区不仅做好脱贫攻坚这篇"大文章"，更是以多种形式讲好脱贫攻坚的"活故事"。通过网络、电视、报刊、广播等多种宣传媒体加强宣传和动员，让贫困地区群众了解党的大政方针和各项扶贫政策，感知发生在身边的脱贫致富的先进事迹和典型人物，激发沿边群众爱国守边、建设美好家园、创造美好生活的热情和力量。如麻栗坡县通过宣传杜富国英雄事迹，大力弘扬"让我来"精神，干部群众人人定下决心书，个个叫响"让我来"。金平县大力宣传瘫倒后又奇迹般站起来再为乡亲铺就致富路的村党支部书记、十九大代表刘富珠，以及帮助村民建立信用体系、脱贫路上的"信用书记"张雷，激发干部群众攻坚克难的信心和力量。

（6）脱贫攻坚与兴边固边相结合，彰显综合国力

沿边地区脱贫攻坚始终坚持将富边兴边与稳边固边相结合，不仅增强边民共享全面小康幸福感、获得感，而且激发守土固边的自豪感和成就感。在沿边扶贫实践中，各地将脱贫攻坚政策措施与兴边富民、守土固边、"沿边三年行动计划"等各项规划有机衔接，充分发挥政策叠加效应，沿边地区的生产生活条件大为改善。如金平县把易地扶贫搬迁与强化"稳边、固边、兴边"政策相统一，对扶贫成本高而且无法原址加固改造的地灾户、散居户、地棚户统一规划，实施抵边新村伉俪小镇建设，并在27个抵边行政村实施危房改造、饮水安全巩固、农网改造升级等工程；沧源县依托边疆党建长廊和沿边小康村建设项目，实施永和国门新村和永和口岸一体化建设。

（7）精准脱贫与返贫防控相结合，巩固扶贫效力

沿边地区脱贫攻坚始终坚持将精准脱贫与返贫防控相结合，既打好精准脱贫的攻坚战，又打好防止返贫的防御战。在扶贫实践中，各地主要从三个方面加强返贫防控：一是强化统筹安排，把深度贫困地区作为实施乡村振兴战略的优先对象，用乡村振兴的措施巩固脱贫成果；二是加强产业扶贫、就业扶贫和健康扶贫，从源头上筑牢致贫返贫防线；三是加强返贫

风险监测和评估。如金平县探索建立农村劳动力转移就业"一金四保"工作机制，实施"顶梁柱"健康扶贫公益保险。麻栗坡县通过"双绑三防四益"产业扶贫模式保障贫困户持续增收。

（8）多措并举与因地制宜相结合，展现民族魅力

沿边地区多为少数民族聚居的深度贫困地区，也是全省人口较少民族和跨境民族主要居住区。在脱贫攻坚实践中，各地根据当地实际，因地因族因户因人施策，打出"组合拳"，唱响"民族风"。通过将脱贫攻坚与民族团结进步示范区创建有机结合，与兴边富民、守土固边、美丽乡村建设、特色村寨建设等工程统筹推进，发挥沿边生态、文化、旅游、政策资源的比较优势，多措并举，创新方式，既做足"边"的文章，又突出多元民族文化的特征。如金平县通过"十县百乡千村万户示范创建工程"，投入中央少数民族发展资金740万元，安排实施项目14个，惠及苗、瑶、傣等6个少数民族，受益农户6621户29088人，其中受益建档立卡户657户2765人。

2."七个坚持"的特殊经验

（1）坚持政治强边，党建脱贫"双推进"

沿边脱贫攻坚始终坚持以党建为引领，通过加强基层党组织阵地建设，不断增强党的战斗力、组织力、影响力，成为带领沿边地区各族群众脱贫致富和实现跨越式发展的坚强的领导核心和战斗堡垒。通过加强和创新基层党建，沿边各族干部群众不断凝聚共识、激发动力、感恩奋进、合力攻坚。脱贫攻坚不仅使村集体经济不断发展壮大，而且促进干部作风根本转变，党群、干群关系更加和谐紧密。如，麻栗坡县以"强组织、建阵地、聚人心、固边疆"为目标，以"英雄老山、红色情怀"为主线，以"扶贫车间聚人心、边境文化强氛围、联防联治固边疆"为抓手，精心打造"扎根边疆、心向中央"党建品牌，推动边疆党建长廊建设与脱贫攻坚良性互动。沧源县将50%以上的县级部门领导干部下派到基层，开展遍访贫困村贫困户、提升人居环境行动等活动，与贫困群众同吃、同住、同劳动，从刷牙理发、洗衣叠被、家具摆放等最基本的生活常识入手，通过手把手交、面对面传，群众自我发展脱贫的意识明显增强，实现了由"要我脱贫"到"我要脱贫"的根本转变。通过"百名党员带动千户群众创业致富行动计划"和"党组织+龙头企业（大户）+贫困户"产业发展示范点，

带动贫困户发展种植养殖、餐饮服务等产业，发挥党组织引富带富能力。

（2）坚持产业富边，增强"造血"机能

沿边地区坚持扶产业就是扶根本的理念，深挖当地资源，提高组织化、专业化、规模化程度，发展多种形式的特色化产业，创新产业扶贫利益联结机制，确保贫困群众持续稳定增收。如麻栗坡县推行产业扶贫"双绑""两防""四益"模式，确保贫困群众持续稳定增收。"双绑"，即龙头企业、合作社等新型经营主体与建档立卡贫困户通过资产出租或入股等方式签订协议，建立利益联结机制，实现双绑共赢。"两防"，即一防资金风险，通过制定产业扶贫资金风险防控实施办法，把控项目论证及新型经营主体选择关，确保资金投向安全精准有效；二防一股了之，在民主评议、民主决策基础上，结合收益情况、致贫原因、贫困程度，综合考虑收益分配标准，实行上限和下限控制，做到合理分类、分档、分期确定收益分配方案，实行现金分配、实物分配、差额扶贫等。"四益"，即一益群众收入持续稳定增加，二益村集体经济不断增强，三益新型经营主体培育壮大，四益产业扶贫资金持续发力，实现滚动发展。沧源县按照集约化、组织化、合作化、多元化的要求，以集体经济全面增收为抓手，采取"公司+村委会+基地+贫困户"的方式，逐村制订和落实产业发展推进计划，逐步形成"一产多策、一村多品"特色产业发展格局。同时，充分发挥原生态佤族文化和原生态自然资源的"两个原生态"和"一条边境线"的独特优势，以民族文化与旅游产业深度融合发展推进脱贫攻坚和经济转型升级。金平县通过出台鼓励新型经营主体带动贫困户精准脱贫奖补办法，以"企业+合作社+产业+贫困户""合作社+基地+社员+建档立卡贫困户"等模式，组建培育451个新型经营主体参与带动贫困群众脱贫致富，各类种养殖业及新型经营主体共覆盖贫困户26536户114237人，实现产业扶贫项目对所有具备产业发展条件和意愿贫困户的全覆盖。

（3）坚持边贸活边，实现内外联动

沿边地区的优势在开放，出路也在开放。沿边地区各级党委、政府统筹推进脱贫攻坚与兴边富民、守土固边、第二轮"沿边三年行动计划"、"口岸城市"、沿边小康村建设等政策规划，加快推进边境沿线地区道路交通、住房保障、基础设施、产业发展、边贸互市、跨境合作等建设，沿边地区对外开放的整体环境逐步优化，开放程度不断加深，开放水平不断提升。沿边地区贫困群众在享受国家扶贫政策、边民补贴、护边巡边公益岗位收入基础上，通过边贸互市增加额外收入，边民生活水平逐步提高。如，金平县完善边民互市"三办法一规定"，投入1760万元完成边民互市货场等基础设施建设，积极改善大通关整体环境，实现信息互换、监管互认、执法互助"三互"，缩短通关时间。同时，采集完成5280份可参与互市贸易的边民信息，成立边民互市党员服务队，以"村党总支+互助组+边民"模式带动614户2684名建档立卡户，化"单打独斗"为"抱团取暖"，靠边吃边实现脱贫。2018年参与互市的边民年人均纯收入超过3500元，受益建档立卡贫困户614户2684人，已全部脱贫。

（4）坚持绿色美边，扮靓幸福边疆

沿边地区是我国西南生态安全屏障，承担着维护区域、国家乃至国际生态安全的重大职责。沿边地区集中了许多生态功能区和自然保护区，也是少数民族贫困人口最为集中的地区。沿边各地通过加大生态补偿脱贫力度，推动绿色发展与生态脱贫良性互动。同时，结合"厕所革命"、"美丽乡村"建设、"百村示范千村整治"工程，不断提升人居环境，革除生产生活陋习。如，金平县结合提升城乡人居环境和生态公益林管护工作，把生态保护政策集中向贫困户倾斜，推广合作社造林模式，补助资金最大化用于贫困户，提高退耕还林、造林补贴、生态补偿等政策受益面。优先聘用生活在生态脆弱地方且搬不走的建档立卡贫困户，使其就地转化为生态护林员和农村卫生保洁员。2014年以来，退耕还林16.5万亩，涉及建档立卡户3391户14984人，兑现补助资金2020.85万元。发放生态护林员劳务补助2907.55万元，其中2019年选聘续聘建档立卡生态护林员3436人。同时，开展"小手拉大手"活动，动员厨卫分置、人畜分离，各行政村组织巾帼连心志愿服务队带动环境卫生整治，逐步建立垃圾收费制度补贴公益岗位，加强卫生保洁表现积分兑换制度管理，组织收家治家、整理内务等卫生环境整治。麻栗坡县开展"寨子清洁·我家干净"农村人居环境整治行动，明确"寨子清洁"责任区域和"我家干净"标准，探索建立县、乡、村有制度、有标准、有队伍、有经费、有督查的"五有"村庄人居环境长效管护机制，充分运用"一事一议"民主决策机制，健全农村人居环境整治项目公示制度，保障村民权益。将环境卫生、村容村貌、公共设施管护等要求纳入村规民约，引导群众养成共管共享的良好习惯。沧源县按"新房新村、生态文化、宜居宜业"的美丽宜居乡村建设要求，构建"户清扫、村收集、乡清运、县处理"的环境卫生整治工作机制，巩固提升人居环境，着力打造美丽宜居乡村，展示脱贫形象，2019 年被中央农办、农业农村部通报表扬为"全国村庄清洁行动先进县"。

（5）坚持文化固边，筑牢国家意识

沿边地区是民族文化多样化、特色化的荟萃之地，具有发展文化产业、文化旅游的得天独厚的资源。沿边地区充分挖掘优秀传统少数民族文化资源，既做好文化保护和传承，又大力加强文化宣传和文化产业发展，使贫困群众在发展中不断增强文化自信心和自豪感。如，沧源县以历史文化、非遗文化、民俗文化、宗教文化、红色文化和现代文化为支撑，按照"一村一室""一村一品"，在 93 个村（社区）建成"村史室"，实现"村史室"全覆盖，积极搭建传承民族特色文化的平台，向群众和外界宣传展示地域风情和文化特色。发挥原生态民族文化资源富集优势，大力发展生态文化旅游，不断擦亮"世界佤乡"品牌。百台木鼓舞、千人甩发舞入选国家级非物质文化遗产，翁丁葫芦小镇成为全省第一批创建全国一流特色小镇项目。金平县组建 180 支党建文艺队，通过"乡村大舞台""文艺走基层"传播党的声音，宣传习近平新时代中国特色社会主义思想，唱响"知党情、感党恩、跟党走"主旋律。

（6）坚持治理稳边，推动共建共治

云南是我国少数民族种类最多的省份，民族问题、宗教问题、边境问题相互交织，2020 年初，习近平总书记考察云南工作时要求云南"认真贯彻落实党的十九届四中全会精神"，"不断增强边疆民族地区治理能力"。① 沿边地区坚持脱贫攻坚与民族宗教、边境治理、乡村治理有机结合，不断促进民族团结、边疆繁荣、边境安宁。麻栗坡县推行党政军警民"五位一体"边境社会治理"董干模式"。

---

① 杨云：《认真贯彻党的十九届四中全会精神 不断增强边疆民族地区治理能力》，学习强国—云南学习平台，2020 年 3 月 20 日，http：//www.qstheory.cn/llwx/2020-03/20/c_1125740939.htm。

积极推广"天保经验",将"扶贫不扶懒""破除等靠要""严禁滥办酒席风"及党恩教育、"穷则思变、富而思源"的理念等写入村规民约,激活贫困群众脱贫致富的原动力。开展老山清风法治扶贫专项行动,构建自治增活力、法治强保障、德治扬正气相结合的乡村治理体系,通过三治融合,摸排农村乱点,化解矛盾问题,倡导文明新风,推动形成"大事一起干、好坏大家判、事事有人管"的良好发展环境,推进脱贫攻坚。金平县以党建引领村民自治,不断加强村规民约的制定和落实,深入开展"四会两队一榜"建设,推进移风易俗革除陋习,全面封堵陋习致贫漏洞。通过实施兴边富民行动计划、抵边搬迁和边民互市,落实边境转移支付政策,依法严打边境走私、缉枪治爆、毒品整治,群众更加爱国爱家、安心守边,党政军警民联动联访、联勤联控,实现边境安宁稳定、边防扎实稳固、边民和谐幸福。

(7)坚持互通睦边,树立大国形象

沿边地区居民,尤其是跨境民族,因与境外地区地缘相近、语言相通、血缘相亲、文化相似、宗教信仰相同,长期以来,往来互动频繁。边境沿线地区与境外相关国家和地区之间在经贸、文化、医疗、治安等方面长期合作,关系密切。在沿边地区脱贫攻坚过程中,不仅通过边境互市、跨境经济合作惠及边境两侧的居民,而且在跨境婚姻、境外学童、跨国就业、文化交流等方面,通过建立边境定期会晤机制,不断加强与境外相关国家和地区的合作沟通。如,沧源县民族小学对53名外籍学生,按照国内同等教育待遇全部给予免杂费、书费及营养餐等政策。

四 沿边地区巩固脱贫攻坚成果

(一)实施特色保险,帮扶边民防返贫

各沿边县(市)充分利用三类具有沿边特色的保险项目,防止边民因意外因素返贫和产生新的贫困。一是实施边民人身意外伤害保险项目。麻栗坡县和勐海县为地处国门沿边行政村群众购买人身意外伤害保险。二是实施综合保险项目。勐海县为人口较少民族布朗族聚居的28个行政村的所

有人口和所有农户分别购买人身意外伤害保险和农房保险。三是实施外籍人员保险项目。勐海县为贫困户家庭中的外籍人员购买商业医疗保险。

（二）采用多种模式，动态监测早预警

各沿边县（市）多措并举，采用多种工作模式建立起边民防返贫动态监测机制。一是"三位一体"模式。金平县通过挂联干部帮购综合保险、民政兜底（救助）政策、每个乡镇不低于 50 万元救助基金的方式，构建"保险+政策+基金"的防返贫机制。二是"县级统筹+动态管理+分类帮扶"模式。勐海县通过县级统筹资金、分类施策，做到 2018 年、2019 年无返贫户。三是"预警+基金"模式。麻栗坡县对脱贫户和边缘户实施跟踪监测，做到第一时间发出预警，县级财政则设立包括 300 万元预算资金及社会捐赠资金的返贫防控应急基金。

（三）发展边贸产业，实现搬迁稳得住

各沿边县（市）利用沿边地理优势，因地制宜加强脱贫"头号工程"易地搬迁的后续扶持。金平县金水河镇在边贸特色小镇的建设中发展以边民互市、物流加工、对外贸易为重点的边贸特色产业，增加搬迁户就业岗位，通过后续产业带动安置区社会经济发展，将搬迁安置区建设成省抵边村庄建设示范区、省美丽乡村建设示范区、省边民与互市贸易发展示范区；勐海县利用区位和地理优势，鼓励群众大力发展以水稻、甘蔗、玉米、茶叶、坚果、牛、猪、家禽为主的种养殖业来增加搬迁户的收入。

（四）建设兴边项目，确保脱贫"成色足"

在第二轮"兴边富民三年行动计划"中，沿边县（市）开展了一系列项目建设，巩固提升脱贫攻坚成果。全省 30 个抵边小城镇、18 个抵边小集镇、373 个抵边行政村、19 个边境农场的基础设施、公共服务、特色产业得到巩固提升。沧源县重点推进 17 个乡村旅游示范村、3 个沿边旅游村寨、13 个沿边旅游景区、2 条沿边旅游线路等项目规划建设，提升旅游扶贫质量，以"沿边小康村"建设带动农村公共基础设施取得重大突破；麻栗坡县实施了沿边特色城镇、基础设施、稳边固边等建设工程；勐海县完

成打洛口岸、民族团结进步示范村以及布朗山乡、打洛镇等 4 个边境乡镇道路硬化、电网改造提升、饮水安全巩固工程。

（五）坚持扶贫扶志，激发动力稳"钱袋"

坚持"富口袋"和"富脑袋"齐头并进，使脱贫户以思想"脱贫"稳生活脱贫。麻栗坡县将"扎根边疆、心向中央，升国旗、唱国歌、感恩祖国"主题活动与边疆党建"红旗飘飘"工程结合起来，巩固边疆党建促扶贫建设成果，规范推广村规民约"天保模式"；勐海县实施"直过民族"素质提升工程，深入开展"扶贫扶志行动"，持续加大对贫困群众特别是"直过民族"群众生产技术培训和思想教育引导力度。

（六）筑牢边境红墙，打好成果保卫战

面对严峻的新冠肺炎疫情境外输入压力，沿边县（市）政府靠前指挥，最大限度地把疫情影响损失降到最低线，保卫已经取得的脱贫攻坚成果。一是前移疫情防控线。勐海县、沧源县从"构建中缅命运共同体"的高度，及时部署疫情防控线前移。二是党建引领联合防疫。沧源县以联合党支部为网格，构筑"点、线、面"三级疫情防控网。麻栗坡县天保村委会抵边村小组以"户联户、支部联支部、寨联寨、村联寨"四联手阻击疫情。金平县建立了镇领导干部带村委会干部+"非卡户"、网格员带挂联干部+"建档立卡户"、村小组长带村内明白人+全村住户、扶贫工作队员带村医+列入监测对象的家属的"4+1"防控模式。三是深化党政军警民"五位一体"强边固防机制。

致　谢

《云南巩固拓展脱贫攻坚成果与乡村振兴有效衔接》一书能顺利出版，首先，要感谢云南省社科联领导和有关部门同志的鼎力支持，没有他们的支持，本书不可能问世。

其次，要感谢中共云南省委党校（云南行政学院）领导和科研处等相关部门领导及同志的大力支持，没有他们的支持，本书不可能顺利出版。

再次，要感谢中共云南省委党校（云南行政学院）社会和生态文明教研部全体同人的全力支持，没有他们的支持，本书不可能有这么高的质量。

最后，要感谢我的学生杨玉霞、杨怡、黄丽、骆书发，他们在西南林业大学攻读硕士期间，挤出宝贵的时间，对文稿进行校对、完善。由于有他们的鼎力支持，本书才能按时出版。

由于时间仓促，书中还有不足之处，加之本人水平有限，书中还有不妥之处，敬请各位谅解为谢！

图书在版编目（CIP）数据

云南巩固拓展脱贫攻坚成果与乡村振兴有效衔接 /
谭鑫著. -- 北京：社会科学文献出版社，2023.3
（云南省哲学社会科学创新团队成果文库）
ISBN 978-7-5228-0792-8

Ⅰ.①云…　Ⅱ.①谭…　Ⅲ.①扶贫-关系-农村-社
会主义建设-研究-云南　Ⅳ.①F127.74②F327.74

中国版本图书馆 CIP 数据核字（2022）第 179293 号

云南省哲学社会科学创新团队成果文库
云南巩固拓展脱贫攻坚成果与乡村振兴有效衔接

著　　者 / 谭　鑫

出 版 人 / 王利民
组稿编辑 / 宋月华
责任编辑 / 袁卫华
文稿编辑 / 杨　莉
责任印制 / 王京美

出　　版 / 社会科学文献出版社·人文分社（010）59367215
地址：北京市北三环中路甲 29 号院华龙大厦　邮编：100029
网址：www.ssap.com.cn
发　　行 / 社会科学文献出版社（010）59367028
印　　装 / 唐山玺诚印务有限公司

规　　格 / 开　本：787mm×1092mm　1/16
印　张：12　字　数：190 千字
版　　次 / 2023 年 3 月第 1 版　2023 年 3 月第 1 次印刷
书　　号 / ISBN 978-7-5228-0792-8
定　　价 / 128.00 元

读者服务电话：4008918866